96 heures
Un commissaire en garde à vue

Christophe Gavat

96 heures
Un commissaire en garde à vue

Postface de Bruno Wolkowitch

Michalon Éditeur

9, rue de l'École-Polytechnique – 75005 Paris
ISBN : 978-2-84186-692-2

À mes enfants,
Pour leur amour et leur innocence.

À mes parents,
Pour leur amour et leur éternelle présence.

À mes frères et sœurs,
Pour leur amour et leur indéfectible confiance.

« L'humour est une déclaration de dignité,
une affirmation de la supériorité de l'homme
sur ce qui lui arrive. »

Romain Gary

Gautier

21 mai 2001, 15 heures, Centre de formation de la police nationale, Gif-sur-Yvette

« Savez-vous quel est le plus long fleuve du monde ? »

Cela fait 30 minutes que les douze membres du jury me posent des questions de culture générale. Trente minutes au cours desquelles, moi, le candidat au concours interne de commissaire de police disserte sur la religion et les nouvelles formes de croyances. Un sujet pioché au hasard, un petit papier plié en deux qui soulève d'autres interrogations préparées depuis un an. Douze mois à réviser comme un futur bachelier entre les playmobils des enfants et les journées à la brigade financière. Douze mois à écourter les nuits et à corner les pages de bouquins oubliés depuis le concours d'inspecteur de police. Quinze ans déjà. Quinze ans que je suis flic et aujourd'hui, je veux accéder au grade supérieur. Être commissaire. Alors, dans la chaleur lourde de la salle exiguë attaquée par les rayons du soleil, cette question fait grimper ma température. Je n'ai pas prévu de jouer au Trivial Pursuit. « Le plus long fleuve du monde ? » Je balaye du regard les juges de ce grand oral : du préfet au commissaire divisionnaire, du directeur de l'École nationale supérieure de la police à la psychologue. Unique femme de l'assemblée, entre deux âges, le regard fixe et le stylo sur la ligne. Elle arbore la seule pointe de couleur de ce jury gris et solennel. Un papillon turquoise épinglé au revers de sa veste. Le plus long fleuve du monde ? « Le Nil », je m'accroche aux ailes du lépidoptère. Réponse exacte. J'ai le droit de rejouer. « Et savez-vous où le Nil prend sa source ? » Là, franchement, je suis pris d'une furieuse envie de jeter les dés par la fenêtre en criant que tout le monde s'en fout, que je ne vois pas de putain de lien entre la police, le Nil, les pyramides et tous les pharaons du monde ! Hier encore, avec mes collègues, on tapait 2 escrocs en flag ! Pas certain qu'ils étaient égyptiens. Mais j'ai décidé de ne froisser ni mon costume ni le jury. Alors tant pis pour la partie : je manque d'air. « Je ne sais pas. » Au final, je m'en sors avec la moyenne. Mais la malédiction de Toutânkhamon s'est réveillée. À l'issue des dix épreuves : cinq écrites, quatre orales et une sportive, le résultat est tombé. « Monsieur, félicitations, vous avez obtenu le même nombre de points que le dernier candidat admis. » Mon cœur bat si fort que j'ai du mal à comprendre la phrase. « Le même nombre de points que le dernier candidat admis ? Alors ? J'ai réussi ? »

« Réussi ? Comment vous dire ? Dans un sens, oui. Mais vous n'êtes pas admis. »

J'ai toujours près de moi cette photo de mon plus jeune fils, Gautier, disparaissant sous ma casquette de commissaire. Le cliché a été pris le 5 juin 2004. Toute ma famille avait assisté à la cérémonie de sortie de la 54e promotion de commissaires de police. Du haut de ses 4 ans, il était fier. Moi aussi.

En 2001, j'avais dû me rendre à l'évidence. En retenant trois axiomes toujours valables aujourd'hui : primo, les flics, les fonctionnaires en général, évoluent au cœur d'une administration qui se nourrit de ses paradoxes. Deusio, le Nil prend sa source au lac Victoria. Tertio, ne jamais sous-estimer les rapports aux choses. Avec un tel primo, on peut s'attendre à n'importe quel deusio.

Alors en 2002, j'ai tout remis sur la table, rechargé les batteries à plat, vérifié la longueur, la hauteur et la profondeur d'à peu près tous les fleuves du monde et repassé le concours interne de commissaire de police. À l'oral de culture générale, le jury n'ignorait certainement pas ma mésaventure de l'année précédente. Après avoir disserté sur la superficie du Gabon, la longueur du nez de Cyrano de Bergerac et la pertinence de la palme d'or du dernier festival de Cannes, il m'a mis un 15. Tout est vrai. Et je m'attendais à tout. « Mon avis sur la palme décernée au *Pianiste* de Polanski ? Mais bien sûr, l'histoire vraie de ce musicien juif, survivant du ghetto de Varsovie, une histoire bouleversante qui n'est pas sans faire écho à ce qu'a vécu le réalisateur lui-même, à Cracovie, avec pudeur et cette lueur d'humanité qui transparaît derrière les *Nocturnes* de Chopin. Enfin, c'est une merveilleuse adaptation du récit de Szpilman, le vrai survivant. Comment ? Oui, oui, c'était le nom du musicien… » Cette année-là, je crois bien que j'aurais pu écrire toutes les fiches de Julien Lepers. Bref, un 15 coefficient 5 : 75 points d'un coup ! Le jury a certainement voulu me faire comprendre qu'il s'excusait pour l'année précédente et que dorénavant, ça y est : j'en étais. J'appartenais au corps des commissaires de police. J'intégrais la 54e promotion, qui allait prendre pour nom « Claude Erignac ».

Aujourd'hui, en regardant la photo de mon fils arborant fièrement ma casquette « feuilles de chêne », j'en plaisante. J'en ris et j'en abuse. Cette mésaventure administrative me permet de me présenter comme étant le seul commissaire de France à avoir réussi deux fois le concours. Ça fait toujours son effet, lors des dîners. Mais il m'a fallu du temps pour en sourire.

En 2001, dernier exaequo, mais pas admis. Cette année-là, je n'avais pas seulement dérivé sur le Nil. J'avais complètement coulé dans les eaux troubles du règlement. En effet, à l'issue des dix épreuves d'admission et d'admissibilité, je comptabilisais exactement le même nombre de points que le dernier candidat admis. Résultat : 20e et dernier ; mais 20e exaequo. Du jamais vu dans les annales du concours de commissaire de police.

Alors, que fait le jury avant de m'annoncer, avec certes ses félicitations mais pas une once de regret, que « j'avais le même nombre de points que le dernier candidat admis, mais que… lui l'était et pas moi » ? Que fait ce jury composé de personnalités ô combien importantes dans le milieu de la police ? Eh bien il se réunit. Pas pour demander un arbitrage vidéo. Ça serait trop simple. Non, il se réunit pour appliquer le règlement. Et que dit le règlement ? Il stipule qu'il ne doit pas y avoir d'exaequo. En cas d'égalité de points, on classe les candidats. C'est vrai pour départager le premier du deuxième, le troisième du quatrième, etc. mais c'est également vrai pour différencier le dernier admis du premier pas pris !

Tout est prévu : on choisit le candidat ayant obtenu la meilleure note à l'épreuve écrite de culture générale. Pourquoi l'écrite, et pas l'orale ? Parce que c'est le règlement ! D'accord, me direz-vous malicieusement, mais les deux candidats peuvent aussi avoir la même note à cette épreuve écrite ? Vous avez raison, à ce stade tout est possible dans le monde merveilleux des notations administratives. Ne vous inquiétez pas, l'administration a tout prévu. L'administration prévoit toujours tout. Elle ne saurait se laisser embêter par un détail courtelinesque. On est dans la police, quand même : le respect aux règles s'impose.

Alors, en cas d'égalité, le règlement prévoit de choisir le candidat le moins âgé ! Elle est sûre de ne pas se tromper, l'administration : il est quand même rare que deux candidats soient nés le même jour. En tout cas à la même heure. Logique inhumaine mais irréprochable, et au final économique. Puisque l'administration parie sur des candidats formés à être des cadres supérieurs, autant miser sur ceux qui pourraient faire une carrière plus longue !

En juin 2001, à l'annonce de ce résultat absurde « réussi mais pas admis ! », il ne me restait que les yeux pour pleurer, les poings pour taper, les jambes pour courir et au final les menottes pour continuer à interpeller les escrocs la journée et réviser de nouveau le concours la nuit ; si je voulais vraiment devenir commissaire de police. J'ai bien envisagé d'intenter un recours administratif, au résultat incertain et potentiellement vexatoire à l'égard des membres du jury, susceptibles d'être présents dans celui de l'année suivante.

Bien m'en a pris, puisqu'en juin 2002, après avoir repassé toutes les épreuves, je suis admis, définitivement admis et autorisé à intégrer la 54e promotion de commissaires de police à la prestigieuse École nationale supérieure de la police de Saint-Cyr-au-Mont-d'Or. Ironie du sort, cette année-là, j'ai terminé 5e. Sur 22 admis. Deux de plus qu'en 2001. À quoi tient une carrière ?

Que de concessions pour en arriver là, de couleuvres à avaler. Certes, l'administration offre cette chance incroyable de pouvoir évoluer dans la carrière par l'accès aux concours internes. Vous pouvez entrer dans la police gardien de la paix et terminer commissaire divisionnaire ou contrôleur général. Vous pouvez même, quel que soit votre grade, passer directement le concours de commissaire, dès lors que vous justifiez de 4 ans d'expérience professionnelle après votre titularisation. Au moins un collègue de la 54e promotion était issu du corps d'encadrement et d'application, appellation officielle du corps des gradés et gardiens.

Depuis, il m'est arrivé de passer de l'autre côté du miroir : ne plus être devant le jury, mais en être membre. Situation paradoxale du policier, souvent vécue au cours d'une carrière. Le policier est un paradoxe ambulant. Le moindre étant d'être à la fois celui qui sauve, mais aussi celui qui sanctionne ! Seule profession à assumer ce cumul.

En l'espèce, je me suis retrouvé membre du jury du concours de gardien de la paix, ainsi que de celui d'admission des adjoints de sécurité. Vraie et lourde responsabilité que de choisir parmi tous ces jeunes ceux qui demain seront appelés à devenir des policiers, des collègues de terrain, armés, prêts à intervenir dans des situations délicates, pour ne pas dire difficiles. Responsabilité à l'égard de l'institution, mais également à l'égard du jeune. Peut-on prendre le risque d'accepter quelqu'un qui visiblement, psychologiquement et intellectuellement, ne correspond pas aux normes… et que lui dire, à ce moment-là ? Qu'il ne correspond pas au profil recherché ? On n'est pas à l'entrée d'une boîte de nuit, on n'est pas videur : « Toi, tu rentres, toi, tu rentres pas ! » Les enjeux sont de taille.

Enjeux professionnels, mais également personnels. Quand vous vous investissez pendant plusieurs années pour passer un concours interne, les concessions sont quotidiennes.

J'ai quitté la brigade criminelle de la sûreté départementale du Rhône, où je traitais des affaires d'importance (homicides, vols à main armée, vols avec violence, etc.) et j'ai demandé une mutation à la brigade financière pour m'occuper des chèques volés et des usages frauduleux de données numériques de cartes bancaires. L'idée était qu'en travaillant sur des affaires plus rapides à gérer, je disposerai de plus de temps pour réviser le concours.

Si l'administration vous donne la possibilité de prendre l'ascenseur social, elle ne vous aide pas à appuyer sur le bouton de démarrage. C'est à vous, et à vous seul, qu'il appartient de préparer le fameux concours.

Il a fallu pendant deux ans assumer le quotidien d'un flic à la brigade financière. Les trop nombreux dossiers à examiner, dont tout le monde se fout : hiérarchie, magistrats et collègues. Appelez un procureur de la République de permanence au parquet et dites-lui que vous avez réussi à interpeller l'auteur d'un chèque volé de 132,50 euros, grâce à un vrai travail d'enquête et de recherche, et que le mis en cause vient d'avouer dans votre bureau. Au mieux, le magistrat décidera de le convoquer devant le tribunal correctionnel pour un « plaider coupable », au pire il tranchera pour une convocation devant le délégué du procureur, avec une obligation de remboursement. Entre vous et lui, il y a la victime, qui ne comprend pas pourquoi l'auteur n'est pas déféré devant la justice et jugé immédiatement devant le tribunal correctionnel pour être envoyé en prison !

Enorme fossé d'incompréhension entre les victimes et les magistrats.

Les collègues ensuite : pendant deux ans supporter leurs railleries. Et leurs questions. Pourquoi quitter la crime pour la financière ? Pourquoi devenir patron ? Pourquoi refuser les bières en sortant du boulot ? « Et tu fais aussi du "stratif" ? mais ça ne sert à rien le "stratif"… déjà le pénal, il n'arrête pas d'évoluer ! Mais tu vas jamais arriver à te manger tous les arrêts évolutifs du droit administratif. »

Et la hiérarchie. Atteinte du syndrome d'Iznogoud. « Vous voulez prendre ma place, Gavat ? Être calife à la place du calife ? Pourquoi pas ? Mais faut bosser. Commissaire de police, ce n'est pas un concours qu'on réussit sans travailler. »

Il faut être honnête, c'est un minimum pour un flic, être honnête ! Certains m'ont donné les moyens de la réussite. Ils ont accepté ma mutation de la crime à la financière. « Attention Gavat, les dossiers à la financière, il faut qu'ils sortent ! La prépa du concours, après les heures de boulot ! »

Pendant deux ans, supporter aussi les remarques de mes enfants. Et leurs questions. « Pourquoi tu travailles aussi quand tu es à la maison ? Pourquoi tu passes ton temps à faire tes devoirs et que t'as jamais le temps de corriger les nôtres ? Pourquoi t'as pas choisi un métier normal ? »

Le pire, je crois, c'est que je n'ai toujours pas la réponse. Mais lorsque je regarde cette photo de mon fils, son visage d'ange enfoui dans ma casquette, je suis sûr d'une chose : je n'aurais pas pu exercer un autre métier. Je ne regrette pas mon choix, je ne regrette pas non plus de tout avoir mis en œuvre pour accéder au grade de commissaire.

Alors certes, les galons, ça peut tenir à pas grand-chose, à quelques demi-points, à l'humeur d'un jury, à la longueur du Nil… Certes, la vie d'un commissaire n'est pas un long fleuve tranquille. Mais, j'y tiens, à ces galons.

Et j'avance, mais jusqu'où ?

Michel

29 septembre 2011, Grenoble, 12h00 sur i-Télé

« Le commissaire divisionnaire Michel Neyret a été interpellé à son domicile, ce matin, en Isère. Placé en garde à vue par la police des polices de Paris, le numéro deux de la PJ de Lyon est soupçonné de corruption, trafic de drogue et association de malfaiteur. C'est un coup de tonnerre dans la police, on retrouve nos envoyés spéciaux devant les locaux de la police à Lyon… »

Je ne me souviens pas de la suite. J'ai regardé la photo de Michel, qui prenait tout l'écran, une photo d'archives. Vue et revue. Il est souriant, en costard, la mèche au vent. Je me souviens juste de l'expression. « Coup de tonnerre dans la police ». Je revenais d'un footing. J'étais en short et en sueur. Je ne sais pas combien de temps il m'a fallu pour comprendre que mon chef était placé en garde à vue. J'ai bu un litre d'eau, le regard fixé sur les bandes d'info. J'ai pris une douche. Mais à mon retour face à l'écran, la photo de Michel était toujours là. C'est quoi ce bordel ? J'ai appelé le numéro Un de la PJ de Lyon, notre grand supérieur hiérarchique. Pour en savoir plus. Avoir quelques bribes d'explications et puis aussi pour lui dire que la PJ de Grenoble était de tout cœur avec lui, avec eux, qu'on était là, que je reprenais du service lundi, que j'avais du mal à comprendre... Mais à son ton, j'ai compris. J'ai compris que je n'allais pas retourner au boulot lundi.

J'ai repris une douche. Il y avait un truc que je ne pigeais pas. Mon corps, lui, s'en était douté. Il avait deviné. Vingt-trois ans que j'étais flic, pas un seul arrêt maladie. Pas de grippe, pas de mauvaise cuite, pas de plâtre. Rien. Jusqu'à ce putain de mois de septembre à Grenoble. Le 15, le médecin m'arrête pour troubles vertigineux persistants. Des batteries d'examens plus tard, on me dit que tout fonctionne, qu'il faut juste que j'accepte d'être fatigué, stressé et au repos forcé. « Vous savez, ce n'est pas rare chez les policiers, ces derniers temps. C'est même assez fréquent. Vous voulez consulter un psy ? » Non merci. Je vois trouble, faudrait peut-être mieux que je voie un opthalmo, non ? J'y connais rien en toubibs. Bon, on m'autorise le sport à petite dose, lorsque le réveil se passe sans nausées. Quinze jours que j'écoute ce corps que je n'avais jusque-là jamais ménagé. Il m'avait envoyé des signaux. Pas le temps de les décrypter. Pourtant c'était clair : tu vas morfler, mon pauvre. Et j'ai morflé. Mais je ne savais pas encore à quel point. J'ai repris une douche, mais la photo de Michel était toujours dans mon salon et mon téléphone commençait à sonner.

« T'as vu les nouvelles, Christophe ? » Tu penses que je les ai vues ! Lues, entendues, revues, réentendues. En boucle. Elles me brûlent les oreilles, explosent mes tympans, perturbent mon cerveau. J'ai plus de vertige, je suis à terre. Sous le choc, abasourdi, sans voix. Tu imagines, sans voix ? Moi ?

Michel. Mon chef. Mon modèle.

« Arrête ! Je ne te parle pas de Michel. Je te parle de toi. » Moi, quoi moi ? « Sur Internet il y a un site qui annonce que demain tu seras à ton tour placé en garde à vue dans le cadre de ce qu'on appelle déjà l'affaire Neyret. » Putain, c'est quoi ce bordel ? La réflexion du directeur tout à l'heure, c'était ça. La presse au courant. Au courant des futurs gardés à vue par la police des polices, les bœuf-carottes ! Au courant avant les personnes concernées. Bravo ! Quel talent ! Et le secret de l'enquête ? C'est plus de l'info, c'est du médium, de l'art divinatoire. Trop forts ces journalistes ! Ça veut dire quoi tout ça ? C'est quoi le site ?

Mon nom n'y était pas. Juste le grade et la fonction, ainsi que ceux de mon adjoint. Pas nominatifs, mais tellement identifiables. « Le commissaire de police chef de l'antenne de police judiciaire de Grenoble et son adjoint sont convoqués demain vendredi 30 septembre 2011 par l'Inspection générale des services, pour être placés en garde à vue et entendus dans le cadre de cette affaire, véritable séisme au sein de la police judiciaire de Lyon ».

Séisme au sein de la police ? Un ouragan, un tsunami même, n'ayons pas peur de la surenchère, c'est vendeur, c'est médiatique ! Mais que dire aux familles des hommes et des femmes concernées par cette affaire. Depuis 10, 15, 25, 33 ans ils travaillent en tant que policiers, ils interpellent des voyous, risquent leur vie au quotidien. Ce n'est pas un cliché, c'est une réalité professionnelle, qui touche tous les policiers, quels que soient leurs grades et leurs directions d'emploi.

Ce n'est pas parce que vous appartenez à une brigade d'élite, RAID, BRI ou GIPN, que vous prenez plus de risques que le policier en tenue, appelé sur un différend de voisinage. Le fameux « 17 », Police Secours. Au contraire. Rien n'est plus dangereux que l'apparente banalité de l'intervention. Un différend, cela peut être une simple explication verbale entre locataires, parce que le chien du voisin aboie trop fort ou pisse partout, qui se transforme en règlement de comptes et prend des proportions considérables. Les insultes fusent, faisant passer les chants de la Castafiore et les jurons du capitaine Haddock pour des sommets d'opéra et de littérature classique. C'est aussi un homme gorgé d'alcool, prêt à exploser à la moindre allumette, excédé par les jérémiades de sa femme, les pleurs du bébé et les cris des enfants qui jouent dans la cour, qui sort un fusil de chasse, et se met à tirer sur tout ce qui bouge. Surtout si c'est bleu et que ça porte un uniforme.

Les exemples foisonnent. Combien de collègues blessés ou tués sur une intervention a priori normale, sans risque ? Dans ce métier rien n'est banal. Une simple opération peut tourner au drame en une seconde. Les professionnels sont préparés, entraînés tout l'année pour parer aux situations inattendues. Les risques sont calculés, analysés, disséqués. Ces policiers ont la formation et la protection pour y faire face. L'armement pour y répondre. Le flic de terrain, « tournant en patrouille sur la voie publique », ne sait jamais où sa route va le mener. Un contrôle routier qui se passe mal. Un jeune qui saute dans le fleuve. Un individu recherché qui fait feu. Un employé qui ne supporte pas d'être licencié, qui menace de tout faire péter. Un chômeur en fin de droits qui défie le personnel de Pôle Emploi avec un sabre.

Un flic se doit d'être vigilant en permanence. Ne jamais se laisser distraire par l'apparente simplicité de la situation. Elle est souvent plus complexe. La mort se cache derrière l'habitude.

Tant d'années à ne pas compter les heures, à ne pas voir les enfants grandir, à être confronté aux regards remplis d'incompréhension des victimes « oubliées », comme à ceux insolents des mis en cause « d'habitude » ! Tant d'années à être confronté à la misère humaine, à la détresse sociale, à la violence de la rue, à l'intellectualisme bien-pensant de ceux qui demain vont vous juger et qui, pour la plupart, ne savent pas ce que c'est de vivre dans des cités dortoirs, se faire insulter dans les couloirs des immeubles, d'interpeller un voyou en flag, le cœur battant, l'adrénaline dans les veines, les questionnements perpétuels sur le droit, au pire moment, en pleine action. Suis-je dans le bon cadre juridique ? Flagrant délit, préliminaire ? Je peux entrer chez la personne qui appelle au secours ? Légalement, je suis dans les heures légales (6h00-21h00) ? Si je me retrouve face à quelqu'un armé, est-ce que je peux faire application de la légitime défense : ai-je le droit de tirer ? Est-ce que ma réponse est proportionnée à l'attaque que je subis (article 122-5 du code pénal), le danger est-il imminent ? L'attaque dont je fais l'objet est-elle injustifiée ? Réelle ? Ma défense est-elle nécessaire ? N'y a-t-il pas d'autre moyen de se soustraire au danger ? Est-elle proportionnée à l'agression ; s'il sort un couteau, est-ce que je peux tirer avec mon arme de service ?

Trop tard. Vous êtes mort. Trop de questions. Le voyou en face ne s'en est posé aucune. Il vous a planté. Coups de couteau ! Vous n'avez pas tiré. Vos collègues, non plus. Trop de questions tuent l'action ! Si vous tirez, vous vous entendez dire par des gens qui passent leur vie le cul vissé dans un fauteuil à lire des codes de droit : « Non, monsieur, pour que votre réponse violente soit proportionnelle à l'attaque que vous avez subie au couteau, il aurait fallu faire usage d'un sabre… » Un sabre ? Je le mets où quand je pars en intervention ? La mort ou la prison ? Dilemme.

La famille, qui vous voit partir à six heures du matin et rentrer tard le soir. Trop tard. Parce que vous avez planqué, « filoché » toute la soirée. Les voyous sortent la nuit. Il est rare de les suivre le jour. Quand enfin vous rentrez, si votre fils ne dort pas, vous allez l'embrasser dans son lit. « Papa, bisou ! »

Vous êtes un peu son héros. Papa, il a un flingue à la ceinture, un gyrophare sur sa voiture, comme dans les films. Mais il vous demande quand même : « Pourquoi tu rentres tard, papa ? » Les héros ne sont jamais à l'heure. Vous discutez avec lui. Sa journée, sa classe. Sa maîtresse, ses copains. C'est son papa qui est venu le chercher à l'école, son pote. Délicatement vous essayez de lui expliquer votre retard. « Tu sais, papa est policier, ce n'est pas un métier comme les autres. Mais c'est un métier passionnant. Faire respecter la loi, arrêter les méchants, lutter contre la criminalité, mettre les voyous en prison. C'est difficile tu sais, mais utile pour la société ; pour que tu puisses vivre dans un monde meilleur.» D'accord p'pa, si tu ne te lèves pas trop tôt, tu pourras m'accompagner à l'école ? Avec le gyro ? Vous êtes son héros dans l'enfance ; son con de père à l'adolescence. « Trop naze, ton père, il est keuf, schmitt, flic... Il te laisse même pas fumer un petit "oinj" ? » Je ne laisse pas mes enfants fumer des joints. J'essaye au maximum de leur interdire de « cloper » et de toucher à l'alcool. Juste être un père ordinaire, soucieux de la bonne éducation de ses enfants. Mais dès que vous êtes flic, tout prend des dimensions différentes. Pas le droit à l'erreur, l'exemplarité en étendard !

Quand votre famille apprend par la presse (quelle élégance !) que demain vous allez être placé en garde à vue dans le cadre d'une affaire de corruption, d'association de malfaiteurs et de trafic de stupéfiants, vous n'êtes pas seul à avoir des troubles vertigineux, c'est le socle familial tout entier qui est ébranlé. Votre fils vous regarde avec des grands yeux interrogateurs. « Je croyais que c'était toi qui mettais les gens en prison, pas toi qu'on enfermait ? » Votre mère vous questionne : « Tu as fait quoi comme bêtise, mon petit ? » Maman, j'ai 45 ans, ça fait 23 ans que je suis dans la police. Je suis commissaire de police. Je crois sans prétention avoir à peu près vécu tout ce qu'un flic pouvait vivre au cours de sa carrière. J'ai interpellé des braqueurs de banque, des voleurs, des violeurs, des escrocs, des tueurs d'enfants et des « homicideurs » de vieilles femmes. Parmi eux, il y avait des salopards, des trous du cul, des délinquants « d'habitude » dont le métier est d'être voyou. Se faire arrêter est inscrit dans leur charte collective. Ça fait partie du jeu. Des risques du métier. Le passage obligé pour avoir une vraie crédibilité. Leur extrait d'écrou, c'est leur carte professionnelle. Parmi toutes les personnes que j'ai arrêtées, maman, au risque de te choquer, j'ai rencontré des gens biens, lumineux même, qui un jour ont dérapé, à cause d'une crise : financière, familiale ou amoureuse. Et le pire, maman, c'est qu'ils m'ont fait grandir, avoir un autre regard sur l'humanité. J'ai dû voir 458 cadavres dans ma carrière, à 100 ou 200 près. Le suicide de collègues, la mort de détenus en prison, des coups de feu sur la voie publique, la blessure en service, le voyou qui meurt devant moi, mon collègue serré dans mes bras qui sanglote parce qu'il vient de prendre trois balles dans le corps et qu'il a mal. Très mal. Il ne sait pas s'il reverra ses deux petites filles ! Là, j't'avoue maman, je n'y comprends plus rien. Je croyais juste avoir fait mon métier. L'avoir correctement fait, ce putain de métier, dans les méandres complexes du droit français. Tiens, je l'aimais tellement mon job que j'ai réussi deux fois le concours de commissaire de police. C'est rigolo, non ?

Tout ça, maman, en supportant la complaisance des politiques, soucieux de leur réélection. La suffisance de certains magistrats, sûrs de bien « dire » le droit. L'agressivité des avocats, furieux de la façon dont leur client a été traité, et les raccourcis péremptoires des journalistes « dits d'investigation » qui pondent des articles sentencieux et définitifs aussi rapidement qu'ils changent de sujet tant l'actualité en déborde, sans tenir compte des éventuelles conséquences de leurs petits écrits !

Bien sûr, maman, j'ai fait des conneries. J'ai picolé plus que de raison. Une ou deux fois, pas plus, j't'assure maman. J'ai dragué des gonzesses et j'ai trompé ma femme, une ou deux fois, pas plus, j't'assure maman. Je n'en suis pas fier. C'est le résultat d'une vie professionnelle agitée et trop prenante où on ne sait plus très bien où se situe la normalité. Où confronté à tant de saloperies, il arrive qu'on se comporte comme un salopard. Ça m'a coûté mon mariage, après 22 ans de vie commune et trois enfants merveilleux. Je ne cherche pas d'excuses, j'explique. J'assume, maman. Comme disait mon grand-père : « Chacun n'a que ce qu'il mérite ! »

Mais là, maman, je ne comprends pas. Je ne sais pas quelle bêtise j'ai faite. Me suis jamais fait arrêter au volant bourré. J'ai pas tiré sur quelqu'un alors que je n'étais pas en état de légitime défense. J'ai pas volé, j'ai pas tué… pourtant je vais aux galères, maman ! C'est le choix de la justice et d'autres policiers ! Je ne suis pas certain de mériter ça, m'man !

Ce jeudi 29 septembre 2011, quand j'apprends de cette façon délicate que je vais être placé en garde à vue, je crois que mon métier est mort en moi. Une petite mort.

Mon corps ne voulait plus être flic. Il me l'avait fait savoir quinze jours plus tôt, lorsque j'ai été pris de ces vertiges étonnants. Il paraît que lorsqu'on va mourir on voit défiler toute sa vie. À l'annonce de ma garde à vue, j'ai vu défiler tous les moments forts de ma carrière. Et puis plus rien.

Le vide, le néant. La chanson de Raphaël dans le crâne « et dans 150 ans, on s'en souviendra pas… » Relativiser, toujours relativiser, prendre de la distance. Ce n'est pas grave. Enfin, si, c'est grave, mais pas trop. Il n'y a pas mort d'homme. C'est juste une garde à vue. Tu en as notifié combien de gardes à vue, en 22 ans de carrière, 1000, 2326, 5345 ? Tu sais forcément comment ça se passe, une garde à vue.

De l'extérieur, oui ! Mais de l'intérieur ?

Flic en garde à vue : un paradoxe de flic. Souffle, Christophe, souffle. Demain est un autre jour, et demain vient toujours aux gens qui dorment. Mais comment je vais faire pour dormir ? En garde à vue ? Ce n'est pas grave, je te dis, souffle. Tes enfants vont bien, ils sont vivants. Mais ils vont penser quoi, mes enfants quand ils se feront agresser dans la cour de l'école par des petits cons qui leur diront : « Alors ton père est un ripou ? » Journalistes, magistrats… Avez-vous bien mesuré toutes les conséquences de vos actes et de vos écrits ?

Pourtant je les aime bien, les journalistes et les magistrats. Cela fait 23 ans que je travaille avec eux. 23 ans qu'il m'arrive de former des vrais-faux couples d'amour/haine/détestation/admiration. J'ai tissé des liens sincères d'amitié et de reconnaissance professionnelle avec eux. Procureurs ou juges d'instruction. Journalistes locaux ou nationaux. J'appréhende leur difficulté : dire le droit, rester humain mais juste, élégant face à l'horreur, digne dans la décision judiciaire. Travailler avec des moyens limités et souvent dans l'urgence. Comme celles des journalistes : rester objectif, dire le fait, rien que le fait. Croiser ses sources et ne pas chercher à blesser untel ou untel. Seul souci : le droit à l'information pour comprendre, raconter, expliquer. Sans jugement.

Trois semaines avant l'interpellation de Michel Neyret, un reportage sur la guerre des gangs à Lyon et Grenoble était diffusé sur une chaîne de grande écoute, rassemblant plus de 4 millions de téléspectateurs. Émission où j'apparaissais à côté de Michel Neyret (coïncidence ?) pour expliquer, commenter, disséquer l'évolution du grand banditisme dans ces villes. Dans ce type de reportage, les flics montrés à l'écran sont présentés comme des héros. Je ne suis pas certain que cette émission ait aidé à plaider notre cause. Je n'ose imaginer qu'elle ait pu être un « boost » dans l'enchaînement de la procédure.

Pourtant tous les flics apparaissant dans ce reportage diffusé le 8 septembre 2011 dans l'émission « Zone Interdite », se retrouvent en garde à vue entre le 29 septembre et le 4 octobre 2011 à l'Inspection générale des services ! La police des polices. Quand vous voulez faire un buzz médiatique avec des « flics ripoux », autant choisir ceux qui trois semaines auparavant étaient des héros du petit écran ! Succès garanti ! Prime time assuré ! Diffusion générale : toutes les chaînes, toutes les radios, tous les quotidiens : petits, grands, moyens, les magazines de société, les émissions de télé, avec les vrais experts, les faux « sachants », les anciens flics, les toujours « poulets », en ont parlé. Allons-y gaiement, ce soir on rase gratis ! Aucun n'a lu la procédure, personne ne sait ce qu'elle contient, mais tout le monde a donné son avis, commenté, raconté, digressé, du petit blog infiniment ridicule des Pyrénées-Orientales au 20 heures de TF1. Ce ne sont pas des costumes qu'on nous a taillés, ce sont des collections complètes, printemps, été, automne, hiver : pour tous les goûts, toutes les tailles ! On a été habillés pour 100 ans. Ça tombe bien, je n'avais plus rien à me mettre !

Et pendant ce temps-là, on oublie tout le reste ! Cette actualité est savoureuse, incroyable : des flics avec des gueules d'acteurs qui passent en héros à la télé, et trois semaines après qui se font arrêter. Plus fort que la fiction. De quoi se régaler durant des semaines. Certains ne s'en sont pas privés.

Si à cette époque on voulait éviter que d'autres affaires soient médiatisées, franchement c'était très réussi !

Ce jeudi noir du 29 septembre 2011, je n'ai pas encore conscience de ça. J'ai juste compris qu'un truc de dingue était en train de se passer dans ma vie professionnelle, qui allait complètement chambouler les perspectives de mon métier, changer radicalement le regard que je portais sur le système que je défendais depuis plus de 20 ans.

Apprenant ma future garde à vue, je rappelle le numéro Un de la police judiciaire de Lyon. Je lui fais savoir que je n'y comprends rien. Il confirme que je suis convoqué le lendemain à l'Inspection générale des services à dix heures avec mon adjoint, le commandant de police Gilles G. Je suis abasourdi. Je ne comprends pas. On reproche quoi exactement à Michel ? À moi ? À mon adjoint ? Pourquoi nous ? Est-ce que d'autres policiers sont convoqués ? Je n'obtiens aucune réponse. Ou plutôt une seule. Me rendre à la convocation le lendemain.

Je suis un tourbillon de nerfs. J'essaye de me calmer et de prendre de la distance. « Et dans 150 ans, on s'en souviendra pas… » Oui, mais c'est là, maintenant tout de suite. Je suis dans la tourmente. J'appelle mon adjoint.

Nous nous donnons rendez-vous au service, où je n'ai plus mis les pieds depuis quinze jours pour cause de vertiges. C'est l'effervescence. Des abeilles dans une ruche. Le miel en moins, le flingue en plus ! Je réunis mes deux adjoints dans mon bureau. Tout de suite, Gilles G. a compris. Michel devait être sur écoute pour des faits qui nous dépassent et ne nous regardent pas. Au cours de conversations téléphoniques qu'on a eues avec lui, concernant des saisies de stups, il nous a demandé si on en avait récupéré pour le tonton (l'indicateur, l'informateur, la source, le cousin, l'amigo !). Gilles a raison. Je me souviens de ces discussions téléphoniques. Au cours des six derniers mois, j'ai dû en avoir deux ou trois avec Michel. Effectivement, il m'a demandé si, sur la dernière affaire de stupéfiants, on avait pu prélever un peu de produits pour en remettre à l'indicateur. J'ai eu la faiblesse de ne pas monter au front contre lui. Je lui ai dit : « Oui ! Oui, c'est fait ! » Un petit oui, pour un grand bang ! À quoi tient une carrière ? La longueur d'un fleuve, la différence d'âge entre candidats, dire oui à son chef en pensant non !

Ces méthodes de rémunération d'informateurs étaient connues. Une partie des produits stupéfiants saisis sur l'affaire était remise à l'indic. Un pourcentage pour les risques pris et pour le fidéliser, parce qu'on n'attrapait pas les mouches avec du vinaigre. Depuis plusieurs années ces pratiques sont prohibées. Elles n'ont plus lieu d'être. Officiellement, l'informateur peut être rémunéré.

J'ai regardé Gilles. Depuis un an que je suis arrivé au service, j'ai souvent été confronté à cet homme. De quelques années mon aîné, il a une grosse personnalité, un énorme caractère. Mais travailler en police judiciaire et ne pas avoir de personnalité, c'est comme manger une anchoïade sans ail. Et Gilles aime manger relevé ! Nous n'avons pas toujours été d'accord sur des choix stratégiques et sur la façon de manager les hommes placés sous notre autorité. Mais il a toujours été d'une grande loyauté. Nous avions convenu de dire à Michel que nous avions donné la came à l'informateur, alors que nous ne l'avions pas fait. Nous avons menti conjointement à notre chef hiérarchique. Pour des tas de raisons, surtout pour ne pas avoir à commettre un acte manifestement illégal. Mise en application de « la théorie des baïonnettes intelligentes ». Du nom de ces soldats pendant la première guerre mondiale qui ont refusé de mettre les baïonnettes au bout de leurs fusils. Ils ne voulaient pas monter au combat. Ils ont été jugés pour désertion ou refus d'obéissance. Leur défense a invoqué leur droit de ne pas obéir à un ordre manifestement illégal. Je demande à Gilles s'il s'agit bien de la came que nous avons brûlée à la déchetterie. Il confirme. On vérifie. Tout a été fait dans les règles de l'art. J'essaye de réfléchir et de me mettre dans la tête des enquêteurs de la police des polices. Ils ont quoi ? Deux ou trois conversations téléphoniques avec notre chef hiérarchique direct, durant lesquels je dis avoir sorti de la came et l'avoir remise à un indic. C'est tout ! C'est rien. Affirmer au téléphone que la robe de la mariée est rose ne signifie pas qu'elle l'est. Quand Gérard dit au téléphone qu'il a tué Maurice, Gérard n'est pas forcément l'assassin de Maurice. Surtout quand Gérard et Maurice passent leur temps à boire des canons et dire des conneries. Quand Robert dit à Lucette qu'il est encore au travail, il est peut-être déjà entre les jambes de sa maîtresse !

Que celui qui n'a jamais menti au téléphone me jette son portable !

J'ai souvenir d'affaires traitées précédemment où, quand j'implorais le magistrat instructeur : « Monsieur le juge, il l'a dit au téléphone, c'est lui, c'est sûr ! », il me répondait : « Monsieur le commissaire, vous savez comme moi qu'on peut mentir au téléphone. Ce n'est pas une preuve, à peine une indication. Ce n'est pas suffisant pour le placer en garde à vue. » Je remballais mon dossier, obligé de le poursuivre pour confirmer ou infirmer les déclarations téléphoniques du suspect.

Dans mon cas, je n'ai jamais remis de came à un indicateur, je suis serein ! Même si j'étais sous surveillance, physique ou téléphonique par la police des polices, ils n'ont pas dû trouver grand-chose, les bœuf-carottes. Il n'y avait rien à trouver. En revanche, ils n'ont pas dû s'ennuyer : entre mes cinq frères et sœurs et mes trois enfants soucieux de ma personne, mes déboires conjugaux et mes problèmes financiers… Pour démêler l'écheveau des noms, prénoms, surnoms et petits noms, ils ont dû dresser un arbre généalogique pour s'y reconnaitre ! L'identification des interlocuteurs est un exercice difficile lorsque des personnes sont sur écoute.

Nous sommes relativement calmes, mais curieux de savoir ce qui nous attend, Gilles et moi, lorsque nous allons passer au « tourniquet » le lendemain. Nous organisons une réunion avec tous les membres de la ruche. L'ensemble des policiers de service ce jour-là sont réunis dans mon bureau. Je prends la parole : « Messieurs, vous n'êtes pas sans savoir que le numéro Deux de la PJ de Lyon a été arrêté ce matin par la police des polices. Il est en garde à vue. Mais il bénéficie de la présomption d'innocence ! » J'entends quelques grincements de dents et autres questionnements : « Pourquoi son nom apparaît dans la presse ? Pourquoi nous les flics, on est tout de suite montrés du doigt, pire que des voyous ? Pourquoi il est jeté en pâture aux médias ? »

Ce n'est pas à moi de répondre à ces questions, je continue : « Nous venons d'apprendre, Gilles et moi que nous sommes convoqués à l'IGS demain. Nous serons certainement placés en garde à vue ! » De nouveau, râlements et grincements : « Mais c'est quoi ce bordel, ils veulent tuer la PJ ou quoi ? » J'ajoute : « On va nous reprocher d'avoir sorti de la came sur la dernière saisie de stups. Elle a été cramée. On est tranquilles. Pour l'instant ce n'est pas le problème, en mon absence et celle de Gilles, je compte sur vous pour continuer à bosser. Il n'est pas question que les enquêtes s'arrêtent, des gros dossiers sont en cours, il faut les finaliser. » Silence. « Messieurs, nous vous remercions. Heureux d'avoir travaillé avec vous. »

Les collègues viennent nous voir, Gilles et moi. Ils nous serrent la main, nous souhaitent bon courage. J'ai un désagréable pressentiment, je ne les reverrai pas de sitôt. Avec Gilles, nous nous rendons à Lyon pour avoir une vraie explication avec notre chef. Le téléphone ne suffit plus à répondre à nos interrogations.

Arrivé entre Rhône et Saône, je fonce voir le directeur interrégional de la police judiciaire de Lyon. Surprise, ce n'est pas lui derrière le bureau, c'est le directeur central de la police judiciaire lui-même, M. Christian Lothion. Le grand patron de toute la police judiciaire française. Il ne fait que reprendre une place qu'il occupait quelques années auparavant, quand il était lui-même DIPJ de Lyon. À l'époque, en 2006, jeune commissaire affecté à Cannes, en vacances familiales à Lyon et sur les conseils de Michel Neyret, alors en poste à Nice, j'avais contacté le commissaire divisionnaire Christian Lothion (DIPJ de Lyon) pour lui faire part de mon souhait de travailler dans la police judiciaire et sous son autorité. M. Christian Lothion m'a alors annoncé qu'il partait diriger la police judiciaire de Marseille, mais que vu la qualité du signataire de la lettre de recommandation, il me proposait de prendre la direction de l'antenne de police judiciaire de Perpignan du SRPJ de Montpellier, dépendant de la direction inter-régionale de la PJ de Marseille.

Il me demandait de prendre rapidement une décision et d'être disponible immédiatement. Je l'ai rencontré en août 2006, j'ai pris la direction de l'antenne de police judiciaire de Perpignan le 16 octobre 2006. J'aurais pu faire plus vite, je n'étais pas très en forme. Certains ont été persuadés que cette mutation rapide de Cannes à Perpignan était une punition. Comme si, dans l'administration, quitter la Côte d'Azur pour la Côte Vermeille était forcément une sanction. Quelle bêtise ! C'était juste une volonté personnelle, un souhait, un désir, un rêve de gosse : diriger un service de police judiciaire.

Le 29 septembre 2011, en fin d'après-midi, je me retrouve dans le bureau qui m'a valu cinq ans plus tôt de prendre mon premier poste en tant que chef d'un service de police judiciaire. Les interlocuteurs sont étrangement les mêmes, mais les rôles et responsabilités de chacun ont évolué. L'ambiance n'a rien à voir. Christian Lothion vient d'avoir des mots terribles à l'égard de Michel Neyret devant l'ensemble des policiers de la PJ de Lyon : « Michel Neyret était mon ami, ce n'est plus mon ami. Il était un flic, ce n'est plus un flic ! »

Ces propos ont été immédiatement rapportés à la presse, fatalement je suis déjà au courant. J'ai travaillé de 1994 à 2002 à Lyon. Je connais presque tous les flics qui bossent en investigations dans cette ville. En arrivant à l'hôtel de police, je suis tombé sur mon vieux complice de la crime, mon ami Philippe, aujourd'hui en poste à la BRI, et d'autres vieux camarades avec lesquels nous avons vécu quelques aventures passionnantes. Ils m'ont tout de suite rapporté ces propos. Ils ne comprennent pas ce qui se passe. Sont étonnés. Ils m'apprennent que le juge et les bœuf-carottes sont dans les couloirs et qu'ils ont fait une « perquise » dans le bureau de Michel. Une ambiance de fin de règne. Et le roi est en train de m'entraîner dans sa chute.

« Christophe… », c'est la première fois que le directeur central m'appelle par mon prénom. Je ne sais pas si c'est bon ou mauvais signe. « Christophe, le plus important maintenant c'est que chacun sauve sa peau… » Que je sauve ma peau ? Mais de quoi s'agit-il exactement, monsieur le directeur central ? « Je vais pas vous la faire à l'envers Christophe, Michel est accroché. Ils le tiennent. Pour vous, je ne sais pas ce qu'il y a exactement dans le dossier. Mais il semble que ce soit plus fragile. Faites ce que vous pouvez, maintenant c'est chacun pour soi. Sauvez vos couilles de là. Tant qu'on le pourra, on sera derrière vous. » À l'époque, je n'ai pas compris tous les messages qu'il a voulu me faire passer, ils ont pris sens plus tard, mais je dois reconnaître qu'il a toujours été là.

Le soir, abasourdi, je me rends chez mes parents. Effarés d'apprendre que je suis mêlé à l'affaire dite « Neyret ». Ils habitent dans un petit village à côté de Lyon. Tous deux professeurs de langues à la retraite. Papa d'allemand, maman d'anglais. Je ne parle ni l'un, ni l'autre. Nous étions six enfants. Pas le temps de parler une langue étrangère à la maison. Plutôt le langage « famille nombreuse », vannes et coups de poing entre frangins, protection des petites sœurs… à condition qu'elles nous présentent leurs copines ! L'humour en bandoulière, pour ne pas dire en héritage et l'amour comme ciment familial.

Nous étions tous dans la même école. Parents et enfants. Papa avait l'habitude de dire : « Les Gavat, c'est comme la SNCF, un Gavat peut en cacher un autre ! » Aujourd'hui, personne ne se cache. Quand un membre est touché, c'est toute la famille qui est atteinte. Entre frères et sœurs, nous ne sommes pas toujours d'accord sur tout. Même à nos âges, nous continuons à nous chamailler. Devant nos parents, nous nous balançons quelques vérités bien senties à la figure. Mais toujours avec tendresse, solidarité, et confiance. Et tellement d'humour.

Des cris, des pleurs, des fous rires, les larmes de maman. Maman pleure tout le temps. C'est un rite, presqu'une obligation. En lisant ces lignes, elle pleure. Ce soir du jeudi 29 septembre 2011, le regard de papa est noir, et les larmes de maman ne sont pas des larmes d'émotion, supplantée par l'incompréhension.

Tous ces événements ne sont pas sans rappeler à papa sa propre histoire, et celle de son propre père. À l'époque, mon père, professeur, alors âgé de 50 ans est sollicité par la direction diocésaine de Lyon pour prendre la direction d'un établissement privé d'un petit village rhônalpin. Après moult conversations avec maman, tous deux acceptent cette aventure. À leur âge, elle n'est pas sans risque et les oblige à un certain nombre de concessions. Quitter la commune où ils sont installés depuis 20 ans, où ils ont tous leurs amis et relations.

Tout le monde est d'accord : la direction diocésaine, l'organisme de gestion de l'établissement privé, maman et même ma petite sœur, âgée de 3 ans ! Papa a été appelé pour remettre de l'ordre dans l'établissement. Il s'y est appliqué, avant de se rendre compte que c'étaient les membres de l'organisation de gestion eux-mêmes qui mettaient le désordre ! Des petits hobereaux fiers qui n'ont pas supporté que papa leur fasse de l'ombre. Ils ont tout fait pour le pousser à partir. Jusqu'à déposer plainte contre lui devant le doyen des juges d'instruction de la ville.

Papa a été mis en examen. Il a perdu son job pendant plusieurs mois, avant d'être blanchi deux ans après par un non-lieu. Curieuse similitude dans la généalogie familiale. C'est déjà un peu d'héritage, au moins de l'atavisme, de quoi en tout cas faire une analyse transgénérationnelle, à la mode en psychogénéalogie.

Quant à mon grand-père paternel, il a été sommé de quitter l'armée au grade de chef d'escadron, après 25 ans de bons et loyaux services. Il avait eu des prises de position un peu trop marquées au moment d'événements importants dans une ancienne colonie française.

C'était peut-être déjà la malédiction de Toutânkhamon qui frappe les hommes de la famille après 20 ans de carrière dans un métier d'autorité ! J'ai prévenu mes enfants. Ne faites pas un métier d'ordres. Vous risquez de mal finir ! Toutânkhamon veille.

Le dîner familial du 29 septembre 2011 au soir, entre mon père et ma mère, n'a pas la saveur habituelle. Un silence lourd d'interrogations, entrecoupé des larmes de maman. Fallait rester dans la tradition quand même. Et puis ce coup de fil à dix heures du soir. Un vieux copain de promo. « Christophe, j'ai consulté Internet. Ton nom complet est sur les sites. Ils disent que demain à dix heures tu seras placé en garde à vue. Courage, vieux. On est avec toi. »

La nuit sera courte. Je me lève tôt pour prendre le TGV et me rendre à la convocation de la police des polices. Elle sera longue. Je ne ferme pas l'œil de la nuit. Ma carrière en boucle dans la tête.

Ma carrière, que j'ai toujours continuée, mais jusqu'où ?

Martin

Octobre 2010 – La maison de Corcelles

Immense corps de ferme dans la campagne bourguignonne, à 5 kilomètres du premier village. À des années-lumière de son quotidien de flic de banlieue. En claquant la portière, Fabrice doute. Il empoigne son sac avec cette impression d'être poussé par ses parents aux grilles de la colo. Mais il n'a plus 10 ans : si ses Adidas trempent aujourd'hui dans la boue, c'est à cause de Sandrine, sa femme. Ou grâce à elle. À ce moment-là, il ne le sait pas. Il ne sait plus grand-chose d'ailleurs, sinon quelques chiffres pour résumer sa vie. Comme il en a l'habitude, sans bavardage inutile. Bref et synthétique : quinze ans de service, dix ans de mariage, deux enfants. Cinq ans de bouteille, trois mois d'arrêt maladie et un mot de dix lettres qu'il ne prononce pas.

Dépression.

C'est Anne-Marie, une « Pam », « policier assistant médico-social », qui vient le chercher dans la cour. Une policière détachée par le ministère pour encadrer les pensionnaires, des flics fatigués, comme Fabrice. Une nounou pour des poulets paumés et désabusés, une idée du ministère pour masquer les chiffres en sa défaveur. Pour éloigner les mauvaises ondes et les cacher dans la forêt. Des fois que ça s'attrape.

Il a fallu du temps pour qu'il enlève ses lunettes noires, il a fallu qu'il touche le fond, il a fallu qu'il tombe bourré en pleine reconstitution, il a fallu que Sandrine quitte la maison avec les gosses, il s'en est fallu d'un rien pour qu'il commette l'irréparable. Une nuit à boire, encore. Une nuit à caresser ses flingues. Ses guns, comme il les appelle. Son arme de service et les autres, collectionnées au fil des années, planquées dans toute la baraque. Sous l'évier de la cuisine, à l'intérieur d'une cocotte-minute, soigneusement enroulé dans un linge, son bijou. Son MR 73, récupéré lors d'une perquise. Même bourré, même les yeux fermés, il peut passer des heures à le manipuler. Le pouvoir de décider, d'intimider, de faire la loi, de faire la mort. Sous sa veste, sous l'évier, sous ses pulls, elles sont là. Elles sont toujours là. Il n'a plus qu'à les charger et décider. Cette nuit-là, il a préféré la vie. Et Sandrine a téléphoné. Il sait qu'il est en sursis, comme son couple. Mais il se doit bien cette chance. Tant pis pour cette colo paumée dans la campagne, il a suivi les prescriptions de son médecin. « Il faut vous reposer. » Alors, il est là, à suivre Anne-Marie dans les couloirs de la maison en pierre. Une petite visite et des grands principes : les repas à heures fixes, les promenades collectives, les groupes de paroles, le rendez-vous avec la psy, les ateliers. Fabrice serre les dents et range ses tatouages. Il se doit d'essayer. Pour lui, pour les petits, pour la vie. Il évitera juste l'atelier mosaïque. Il accepte de faire des efforts, mais quand même. C'est Iron

Maiden, là, sur son tee-shirt. La Pam sourit, il trouvera autre chose.

Et puis il a pris goût à ses balades dans la campagne. Trente flics qui se promènent sur les chemins, ça le fait marrer. Il manque plus que le brassard orange pour affoler les autochtones. Mais il n'y a ni brassard, ni gun, ni gyro. Dans le cortège, il n'y a même plus de flic. Juste des fonctionnaires usés par la vie et le boulot devenu trop lourd. Une dizaine de femmes sur un groupe de trente-cinq. À croire que les hommes sont vraiment trop fragiles. Certains ont déjà suivi plusieurs cures de désintox. Ils ont la quarantaine, comme Fabrice. La quarantaine secouée et cabossée.

Dans les groupes de parole, la politique du chiffre, la pression des patrons, la prime au mérite reviennent souvent. Fabrice a fait de la peinture, avec la tête d'Iggy Pop collée sur la poitrine. Il a marché, encore, avec les autres. Des kilomètres et des kilomètres, à penser et à se taire. Et puis il a trouvé les mots, encouragé par la psy. Dans le fauteuil club du salon, il a raconté ces années, ces nuits crades, son malaise. Il a pleuré, aussi. Il prononce maintenant le mot de dix lettres. Fabrice fait une dépression, il le sait, il le dit.

Fabrice est un flic en sursis. Comme tant d'autres.

Dans le métro avec Martin. On se marre. On se balance des vannes aussi rapidement qu'Antoine de Caunes envoie de la mousse à raser sur le visage de José Garcia. En moins drôles et moins spirituels. « Nulle part ailleurs » est notre émission culte. Alors, par mimétisme, on tente des saillies drolatiques, on muscle notre bagout, on invente des jeux de mots, plus ou moins ringards, à la Didier l'embrouille.

On bouffe la vie à la vitesse du TGV, sans souci du lendemain. On est jeunes. Nos femmes nous trouvent beaux, nos parents sont fiers, nos amis sont admiratifs. Et même jaloux, parfois ! On est heureux. D'être flics, d'être potes. On est heureux de se marrer de tout et de rien. Avec notre flingue et nos menottes à la ceinture, notre sens de la répartie, notre dérision à fleur de peau : on se croit forts et invincibles. On ne regarde plus « Starsky et Hutch », ce sont eux qui nous regardent. Bon, on jette un œil discret sur « Amicalement vôtre » parce que Tony Curtis, quand même... On contrôle notre vie. On ne roule pas, on vole. Il ne peut rien nous arriver. On protège les autres.

Nous ne savons pas encore que nous allons prendre un arrêt buffet. Un placage dévastateur. Le premier d'une série dégueulasse : nous allons découvrir comment une vie peut dérailler. Comme ça, tout d'un coup, sans prévenir.

Avec Martin, on a 29 ans. Inspecteurs de police tous les deux dans le même service : le commissariat de la Porte Dauphine, dans le 16e. On y a été affectés en même temps, voilà presque deux ans. C'est devenu mon ami, mon alter ego, mon petit frère. Nous travaillons dans le même bureau. Il m'a demandé d'être témoin à son mariage.

Depuis deux ans, j'ai quitté le département de la Seine-Saint-Denis, pour être muté à Paris intra-muros à la 1re division de police judiciaire. En PJ, enfin ! Mon rêve de gosse. Je pensais que j'allais pouvoir traiter des grosses affaires, des meurtres, des trafics de stup, des rackets et je ne sais quelles autres infractions qui allaient me tenir éveillé jour et nuit, me remplir la tête de souvenirs, de coups de flingues et d'émotions violentes.

Je n'allais pas être déçu.

Au départ, il y a comme un petit hiatus. Rien de grave. Un petit paradoxe de plus dans l'univers policier que je n'arrête pas de découvrir. Mon affectation précise : 1re division de police judiciaire ; plus communément appelée « la première ». Paris à l'époque en compte six. Chaque division couvre plusieurs quartiers de Paris. La première est compétente pour les quartiers du 16e, du 8e et du 7e. Franchement, il y a pire. Surtout que je viens du commissariat de police Livry-Gargan, le « 9-3 », limite Seine-et-Marne. J'ai quitté un commissariat de police de banlieue difficile, pour un service de police judiciaire dans les plus beaux quartiers de Paris. Je suis aux anges.

Je me présente à « la première ». L'inspecteur divisionnaire qui me reçoit me met tout de suite à l'aise. « T'es à “la première”, garçon, félicitations, c’est un service de PJ parisien prestigieux. Mais avant de venir travailler en unité de recherches, à la crime ou aux stups, va falloir que tu fasses encore un peu tes preuves. » Je le regarde, étonné. Il a 55 ans. J’en ai 27. À peine. Il est inspecteur divisionnaire, je suis inspecteur titulaire. À peine. J’ai comme la désagréable sensation qu’il est en train de jouer de ma naïveté, ma jeunesse et mon grade. « Ecoute, ce que je te propose, c’est que tu ailles pendant un temps au commissariat de la Porte Dauphine, il y a une bonne activité judiciaire dans ce service. Ça te permettra d’approfondir tes connaissances. »

Je ronge mon frein. J’ai omis un détail, de poids. À l’époque, les divisions de police judiciaire couvrent certes plusieurs arrondissements, mais en réalité il s’agissait de travailler dans les commissariats de ces quartiers. En terme d’affaires importantes, je vais surtout devoir recevoir les plaintes pour délit de fuite, tapage nocturne, dégradation volontaire de biens privés, disparition des chats et mort accidentelle de chiens.

Avec des semelles de plomb, j’arrive au commissariat de la Porte Dauphine. Décidé pourtant à faire mes preuves, pour intégrer rapidement un vrai service d’enquêtes judiciaires. Faute de grives, je vais me contenter de merles, pour un poulet c’est déjà ça ! Je ne me doute pas que je vais y passer deux années formidables. Deux années qui vont me faire grandir. Mûrir. Évoluer professionnellement et personnellement. Une percée fulgurante qui laissera des traces.

Lorsque je me retrouve pour la première fois planté devant la façade grisâtre du commissariat, je suis surpris. Frappé par l’originalité des lieux : un paradoxe de plus à glisser dans mon holster. Un vieil hôtel particulier, superbe du temps de sa splendeur, miteux au temps de la police. Légué par son ancien propriétaire à la ville de Paris, qui elle-même le loue ou le prête à l'administration du ministère de l'Intérieur. Qui a pu avoir cette idée farfelue, de transformer un hôtel particulier parisien en commissariat ?

La porte est lourde. Il faut toute la force de mon épaule pour la pousser. Elle s'ouvre sur un grand hall désert. À l'angle, un escalier en marbre, magistral et sale. La main sur la rampe en bois sculpté, je respire à plein nez l'odeur de la poussière et du tabac froid. J'accède au premier étage, le centre névralgique du commissariat. Je passe devant la salle d'attente indiquée par une vieille plaque en bois, usée aux angles, élimée aux lettres, sur laquelle on ne lit plus accueil, mais « a.cu..l ».

En suivant les étroites marches en bois, j'accède au deuxième étage pour saluer mes collègues. Neuf inspecteurs qui se partagent les quatre petits bureaux, anciennes chambres de bonnes de cet hôtel si particulier. Une cuisine, faisant office de lieu de vie et une ancienne salle de bains, transformée en petite geôle. Pas de doute : on accède à l'étage supérieur, mais aux grades inférieurs.

Après avoir poussé la porte de l'a.cu..l, vous arrivez dans la salle d'attente. Qui s'annonce longue. Le doute n'est pas permis, vous êtes au cœur des plaintes. Sur votre droite, un vieux banc en bois, fin XIXe. Sur votre gauche, trois boxes, séparés les uns des autres par des cloisons, en bois aussi, mais à la mode des années 1970. À l'intérieur, des bureaux en ferraille, des machines à écrire Olympia, des cendriers en verre, des téléphones sans âge et quelques vieux stylos à bille usagés, mordillés aux deux bouts par les dents rageuses des inspecteurs chargés de recueillir les plaintes, aux mains salies par les feuilles de carbone. Leur sourire est souvent de la couleur de leurs mains. Moi aussi, il va m'arriver de virer à l'encre. Mais j'aime ça. C'est aux plaintes que s'apprend le métier de flic. À la réception du public. Discuter avec les plaignants, prendre le temps de les écouter (parfois, pour mieux les écourter), et trouver une solution rapide et efficace à leur problème. Vieille technique de communication pratiquée par tous ceux qui sont au contact du public, du flic au juge, de l'avocat au psy, de l'homme politique au journaliste, avec ce talent supplémentaire qu'ont certains journalistes de rester silencieux après que vous avez répondu à leur question. Ils vous regardent droit dans les yeux et hochent la tête en signe d'approbation, vous croyez avoir tout dit, et bien non, vous en dites encore plus devant tant de silence calculé.

Si certaines plaintes sont recevables sans discussion, juridiquement parlant, d'autres ne le sont pas, mais alors pas du tout. Même les habitants du 16ᵉ viennent voir les services de police pour tout et n'importe quoi. Le chien du voisin qui pisse partout. La chatte qui perd ses poils. Le courrier qui n'est pas distribué aux bonnes heures. L'électricité qui tombe en panne. Le pain au chocolat grillé. Votre belle-mère qui vous harcèle au téléphone.

Mais c'est lundi soir. Et dans le métro avec Martin, on se marre. On parle du dernier but de Sonny Anderson, on danse le « mia » en regardant les étudiantes qui rentrent de la fac. On refait le match. Le nôtre, celui du lundi midi entre les gars du service. On le sait. On l'a compris, il faut être prêt à déborder, à saisir l'occasion. On est dans les plaintes, pas dans la complainte. J'ai découvert au cours de ces deux années à l'a.cu..l du commissariat de police de la Porte Dauphine que derrière l'apparente banalité d'une déposition peut se trouver une « belle affaire ».

Si la mort peut se cacher derrière l'habitude, la « belle affaire » peut apparaître sous la forme de n'importe quelle plainte. La « belle affaire » est un terme policier paradoxal, signifiant que la plainte ou la constatation de l'infraction va conduire à la résolution d'un délit ou d'un crime qui au départ apparaissait comme particulièrement dégueulasse. Dégueulasse, dur ou difficile. C'est presque une litote. On parle de « beaux cadavres », de « beaux meurtres », quand on interpelle des braqueurs de banque à la kalachnikov, on parle d'une « belle équipe ». Longtemps, les voyous, les vrais, pas ceux d'aujourd'hui à la petite semaine, sans morale ni éthique, qui montent au braquage comme ils bouffent au McDo, on les a appelés les « beaux mecs ».

La « belle affaire » peut se trouver derrière l'apparente banalité de la ménagère de 50 ans, gardienne d'un immeuble de luxe avenue Foch, qui vient au commissariat pour signaler que le locataire d'un petit studio du 2e étage a passé sa nuit dans les toilettes communes au fond du couloir. Pas pour y faire des besoins naturels, pour desceller les carreaux des W.C. !

Vous tombez des nues. Des toilettes communes au 2e étage d'un immeuble de luxe de l'avenue Foch ? Si certains choisissent leur appartement pour le confort ou le loyer, visiblement d'autres le font pour le standing de leur adresse.

Même s'ils doivent habiter à quatre dans un studio et aller pisser dans les chiottes communes !

Cette dame raconte que le locataire a gratté le ciment autour du siège des W.C. Il a creusé un trou autour, à la petite cuillère. Attitude intrigante, qui ne se fait pas sans bruit et monopolise les toilettes. La gardienne constate les dégâts. Elle demande quelques explications à l'homme se prenant pour Papillon tentant de s'échapper de l'île du Diable. Il raconte, de mauvaise grâce, qu'il aurait malencontreusement fait chuter dans la cuvette une bague d'une valeur importante. Il cherche à la récupérer. Il veut creuser jusqu'au vase d'évacuation, percer la tuyauterie, et récupérer son bijou.

Cette façon de faire n'est pas possible, il faut *a minima* aviser le syndic, faire appel à un plombier. L'homme refuse, se met en colère, la menace. La gardienne vient donc voir la police. Quand les hommes de 25 ans et d'1,85 mètre menacent, les ménagères de plus de 50 ans et de moins d'1,60 mètre déposent plainte. (C'est Audiard parodié !)

Étonné, Martin me raconte cette entrevue. Le lendemain, de permanence, je reçois la même gardienne. Pour la deuxième nuit consécutive le jeune homme s'est de nouveau pris pour Steve McQueen dans *La Grande évasion*. Il a encore gratté à la petite cuillère le sol des toilettes de l'étage. À mon tour d'être intrigué. Une nuit, ça va… deux, bonjour les dégâts !

Ce type a fait tomber quelque chose dans les toilettes, d'une valeur plus que précieuse, inestimable. Il se donne du mal pour la récupérer. Il prend même des risques. L'étude de son environnement ne donne rien. Pas d'antécédents particuliers, pas de garde à vue, pas la moindre petite condamnation. Mais à trop se faire remarquer, il a attisé notre curiosité. Nous contactons le syndic de l'immeuble pour obtenir le plan détaillé des tuyauteries. Nous virons le code pénal du bureau pour étaler le plan des toilettes d'un immeuble bourgeois du 16e. Décidément, ce métier mène à tout ! Les canalisations passent par le sous-sol. Elles sont accessibles assez facilement. Accompagné d'un membre du syndic, de la gardienne, et d'un plombier, nous repérons au plafond du garage l'arrivée de la tuyauterie. Je lâche à Martin : « Si on trouve la bague, c'est un signe, tu te maries dans l'année ! » Placide, il me répond : « Et autre chose, on fait quoi ? »

La réponse nous arrive sans tarder. Nous ne nous sommes pas trompés dans nos calculs. Après avoir percé un trou, le plombier passe sa main et retire de la tuyauterie une vieille chaussette grise. Pointure 43. « Ça doit être la taille de notre perceur nocturne », remarque Martin, en la vidant. Elle est pleine d'une vingtaine de bonbonnes thermosoudées. Notre « Papillon local » ne cherchait pas sa bague, mais sa came. Qui vaut certainement plus que de l'or. L'homme a dû avoir peur d'un contrôle de police qui n'a finalement pas eu lieu. Il a tenté alors, avec beaucoup trop d'obstination, de la récupérer. La gardienne aurait préféré que Martin se marie dans l'année, le plombier se marre et nous, nous préférons attendre avant d'interpeller notre homme.

En rentrant au commissariat, on parle de notre chaussette à Michel.

Michel est inspecteur principal, il est un peu plus âgé que nous. Il a déjà une vraie expérience en PJ. Il est arrivé depuis bientôt 6 mois au commissariat de la Porte Dauphine, après être passé par quelques prestigieux services parisiens, dont les stups. Il a choisi d'être muté dans ce commissariat pour se poser, prendre du recul et avoir plus de temps pour s'occuper de ses deux enfants. Il est sportif, a un vrai sens de l'humour et nous apprécie, Martin et moi. On a l'impression qu'il se reconnaît un peu en nous, quand il était à peine plus jeune. Ça l'amuse, et nous, ça flatte notre ego de jeunes flics. Il participe naturellement à toutes nos activités, professionnelles ou extra-professionnelles. Les bouffes entre collègues, le sport entre midi et deux.

« Félicitations, les gamins, vous êtes des petits malins, vous irez loin ! », Michel nous complimente. Ce n'est pas exactement ce qu'on veut entendre, même si cela nous fait plaisir. On veut savoir comment négocier la suite ? À part la chaussette taille 43 remplie de poudre, on n'a pas grand-chose. « Alors les gars, vous avez 20 bonbonnes thermosoudées, c'est bien. C'est de la came, vous en êtes sûrs ? » Évidemment qu'on en est sûr ! On n'est pas nés de la dernière pluie. On connaît les méthodes des passeurs de came. « Mais il faut que la justice le soit aussi ! Et elle veut savoir la quantité et la matière exacte dont il s'agit. Faites examiner votre produit par le labo, et une fois que vous saurez exactement ce que c'est, allez le chercher votre gazier, vous aurez toutes les billes pour l'interroger ! D'ici là, continuez les "vérifs" sur lui, prenez le temps de le suivre, vous découvrirez peut être son mode opératoire. »

Michel a raison. Forcément raison. Autant l'apprendre par cœur avant d'aller le chercher. Connaître son environnement, c'est savoir avec qui il vit, ses habitudes, son compte en banques, son job, ses amis, etc. Et puis c'est aussi savoir ce qu'on lui reproche exactement : du trafic de cocaïne ? d'héroïne ?

L'attente, de courte durée, va donner raison à Michel. Elle permet d'identifier la came, de la cocaïne, pure ! Et apporte un rebondissement. Notre prévenance à l'égard de la gardienne de l'immeuble de « Papillon » a été utile ; 10 jours après la découverte de la chaussette, elle revient nous voir.

Les présentations étant déjà faites, elle peut monter directement au deuxième étage sans passer par l'a.cu..l. Ce matin, son locataire est passé tôt à la loge. Il lui a dit qu'il attendait un colis urgent de la poste. Il devait s'absenter quelques heures et lui demandait d'en prendre possession, avec précaution. La dame est gênée. Elle tourne sur sa chaise, comme une toupie sur son axe, regardant Martin puis moi. Serrant son sac à main contre sa poitrine. Nous la regardons en souriant, mais en se demandant quand elle va parler. « Le facteur est passé ce matin », se lance-t-elle. Ça y est, on y est ! Martin, utilisant la technique des journalistes, hoche silencieusement la tête et la regarde droit dans les yeux. La dame se sent en confiance. Elle arrête de tournicoter sur sa chaise, et finit par ne regarder que lui. Elle continue : « Il avait un colis pour le monsieur du deuxième. » Silence, qui dure. « Et alors ? » Martin me fait signe de rester calme. Elle joue avec mes nerfs et la fermeture Éclair de son sac, que j'ai bien envie de lui arracher. « J'ai refusé de le prendre ! »

Tout ça, pour ça ! Elle est gentille, mais légèrement fêlée, la gardienne ! Quel intérêt de venir nous voir si c'est pour nous annoncer qu'elle n'a pas récupéré le colis ? Je fais semblant de me désintéresser d'elle. Je range avec un soin minutieux mes vieux carbones. Ils ne sont pas tous troués. Ils feront encore l'affaire pour taper en quatre exemplaires mes 500 prochains procès-verbaux. Je participe à la réduction des charges de fonctionnement du ministère ! Je suis fier de moi.

Martin, inconscient des économies fantastiques que je viens de faire réaliser à l'administration, ne lâche rien. Il reste silencieux. Concentré sur les propos de notre visiteuse. Il ne la quitte pas des yeux et hoche la tête avec un air empathique. « T'es amoureux ou quoi ? » Martin ne sourit pas à ma vanne pourrie. Il persiste. Reprend le cours de l'histoire avec notre agent secret en tablier. « Alors ce matin, notre ami du deuxième est venu vous voir. Il vous a dit qu'il attendait un colis urgent de la poste et vous demande de le récupérer. Vous acceptez. Le facteur passe dans la matinée avec quelque chose pour lui, mais il n'est pas là. Il vous propose de vous le laisser, vous refusez. C'est ça ? » La dame acquiesce et murmure : « Le facteur m'a demandé de lui remettre l'avis de passage. » Elle aime le suspense, notre gardienne.

« Si nous avons l'avis de passage, c'est que Papillon ne l'a pas. Il ne sait donc pas que son colis est arrivé ! », sourit Martin. Je poursuis : « Nous, si ! Grâce aux références de ce document postal, nous pourrons le récupérer, et savoir ce qu'il contient. » Martin va plus loin : « Et si ce qu'il y a dedans nous intéresse, nous pourrons alors glisser, à notre convenance, l'avis de passage dans la boîte aux lettres de Papillon, attendre qu'il récupère sagement son beau colis à la poste et l'interpeller lorsqu'il en sort, son cadeau entre les mains. » Je conclus : « Le flag parfait ! » La gardienne n'est pas certaine de tout comprendre, mais se sent soulagée. Notre numéro de duettiste lui a plu. Si on a l'air satisfait et que les tuyaux de son immeuble ne contiennent pas autre chose que des produits naturels, alors, elle aussi est rassurée. Petite blonde aux grands yeux noirs, elle défait le nœud de son foulard trop rose et ouvre enfin son sac. « Vous me montrez cet avis de passage, chère madame ? » Elle me le tend, tout sourire. Je le regarde, sont même mentionnés le nom de l'expéditeur et le pays d'envoi : « Venezuela ! Si je ne m'abuse le Venezuela, ce n'est pas loin de la Colombie… »

Nous relatons à Michel ce petit rebondissement. Il sourit devant notre impatience à passer à l'action, mais nous rappelle quelques règles de droit essentielles. Flagrant délit et présence du titulaire obligatoire pour ouvrir le paquet. Nous enrageons. Michel se moque de nous. Dans ce colis en provenance du Venezuela il y a de la drogue, c'est sûr. Comment interpeller Papillon avec son paquet, dans le respect de la procédure ?

Dans la cuisine du deuxième, Michel nous sert un café. « Rien ne nous interdit d'aller à la poste avec un chien stups et son maître. De le faire passer dans la salle où sont stockés les colis en attente de réception par leur destinataire et de voir la réaction du chien. S'il marque un colis, c'est qu'il est chargé en came ! Même pas besoin de l'ouvrir. On vérifie les concordances des références entre l'avis de passage et celui du colis, si ce sont les mêmes : jackpot ! Il ne nous reste plus qu'à remettre l'avis de passage à Papillon et attendre sagement qu'il vienne le chercher à la poste. »

C'est la première fois que Martin et moi on embrasse Michel.

Néron, le chien stups est agité. Il bave un peu. Remue de la queue. C'est son heure de jeu. S'il trouve du produit, il aura gagné et son maître le félicitera. Il aura double ration. À la poste, dans le local des colis en attente de réception, il gratte, renifle, sent. Il met du désordre un peu partout. Il obéit à son maître qui lui répète : « Allez cherche, Néron, cherche... » Mais toujours il revient sur le même paquet de 60 cm de long sur 30 cm de large et 10 cm d'épaisseur. Il le pousse du museau, le mordille. Il aboie même en regardant son maître. Qui le félicite. Il a encore gagné ! « Vous pouvez y aller sans crainte, les gars, ce colis est chargé ! », assure le maître-chien. Nous vérifions. Les références du paquet sont les mêmes que celles se trouvant sur l'avis de passage à destination de « Papillon ». Trop fort, le Néron. Il a le nez fin.

Nous demandons à la gardienne qu'elle remette le document postal à son légitime destinataire et attendons. Pas longtemps. Martin est dans le hall d'accueil de la poste. Il fait semblant d'envoyer des recommandés. Trois collègues planquent à l'extérieur. Ils font semblant de ne pas être des flics en surveillance. Je suis sur le terrain de jeu de Néron, le local des colis. Je fais semblant de ne pas être un chien stups. Je regarde le paquet à destination de Papillon et me demande quelle quantité de came peut bien être transportée de la sorte. Deux heures après la remise de l'avis de passage, Papillon se présente au guichet de la poste. Il récupère son colis.

À la radio, j'annonce : « Le client est servi ! » Martin le suit en sortant de la poste. Nous l'interpellons au moment où il monte dans sa voiture, sourire aux lèvres. Il le perd vite. Il ne s'attendait pas à nous. Il est surpris. Nous le sommes encore plus quand nous ouvrons son colis. Il ne contient pas comme espéré des quantités « astronomiques » de cocaïne, seulement quatre chemises neuves agrafées sur leur carton de présentation, permettant de conserver leur rigidité. Une marque vénézuélienne en plus, aucune valeur en France ! Même neuves, elles sont moches.

Je suis dépité. Néron a marqué ce putain de colis. Il porte encore les traces de morsure. Il y a de la came là-dedans, mais où ? Papillon n'a pas eu le temps de l'ouvrir, entre le moment où il l'a réceptionné et le moment où on l'a serré. La came est dans le paquet. Imprégnée dans le tissu des chemises ? Compressée dans les boutons des manches ? Le papier du colis contaminé par la dope ? Nous inspectons la mode vénézuélienne, nous retirons une à une les épingles des chemises, pour les défaire de leurs cartons rigides. Épais, beaucoup trop épais pour être honnêtes. Michel prend un couteau et le glisse dans le sens de la longueur sur l'épaisseur des cartons. Ces derniers s'ouvrent en deux, comme deux pages d'un livre trop longtemps collées. À l'intérieur quatre alvéoles, contenant chacune un petit sachet de poudre blanche. L'analyse démontre qu'il s'agit de la cocaïne. Chaque sachet contient 50 grammes. Quatre chemises ; quatre alvéoles par chemises ; seize sachets de 50 grammes de cocaïne. Huit cents grammes de coke envoyés du Venezuela par la poste, complice involontaire d'un trafic international de stupéfiants. Où se cache l'imagination des trafiquants ?

Depuis, certains services où j'ai eu l'honneur de travailler ont fait des saisies plus importantes de produits stupéfiants. Mais cette affaire, étonnante par son mode opératoire et par le transport utilisé, est surtout la première vraie affaire de stups pour Martin et moi. Michel nous félicite. « Fallait pas qu'il gratte les chiottes, Papillon. Belle affaire, les gamins ! »

Nous l'embrassons pour la deuxième fois.

On est sur des rails, lancés à toute vitesse, rien ne peut nous arrêter. Le métro fonce. Avec Martin, on se marre. On est fiers. Il y a quinze jours, nous avons réalisé notre première belle affaire de stups. On a le vent en poupe. Les unités de recherches de la « première » ont entendu parler de nous, et se sont rapprochées. Le mercato n'est pas loin. Même notre patronne nous a convoqués. « Monsieur Gavat, Monsieur L., belle affaire, félicitations. Mais attention, vous êtes dans le 16e ici, alors sortez des affaires, pas de problème, mais s'il vous plaît, pas de vagues, hein… pas de vagues ! »

Une précaution un brin déplacée dont nous nous moquons gentiment. Nous voulons juste faire notre métier, nous éclater et rejoindre un vrai service d'enquêtes. « Tu prendrais quoi toi, Martin ? La crime ou les stups ? » Martin ne sait pas. « Si j'ai le choix, j'irai à la crime. Michel m'a raconté ce qu'il faisait aux stups, c'est parfois rigolo, mais souvent crade ! Franchement, je préfèrerais travailler sur un "beau" cadavre ! »

Le lundi entre midi et deux, nous jouons au foot. Les neuf inspecteurs du commissariat de la Porte Dauphine, tous ensemble. Michel est dans mon équipe. Il rate un pénalty. On perd. Je l'embrasse quand même. C'est la troisième fois. Après le sport, Martin nous prépare des pâtes à la carbonara. C'est son tour. Il nous a fait une recette familiale. Un secret bien gardé transmis de père en fils. Et nous rions. Du mercato, de la réflexion de la patronne, de notre prestation minable au foot, de la cuisson minutée de Martin.

Le soir sur le retour, je charrie encore Martin. Comment un ch'timi comme lui est capable de connaître la « pasta al dente » ? Le talent et le secret, certainement. Le mardi matin, dans le métro pour le boulot, je me remémore les discussions de la veille. Je souris. Me réjouis d'aller rejoindre tous mes potes aux mains noircies. J'imagine déjà la prochaine affaire de stups sur laquelle on va bosser. De la came transportée dans une canne creuse de grand-mère ? Pourquoi pas ? Sont prêts à tout, les trafiquants. Depuis quelque temps, la porte en fer forgé du commissariat me paraît moins lourde. Je suis content de grimper ces marches sales et immenses depuis presque 2 ans. Quand je serai muté en unité de recherches à la « première », je serai triste de quitter mes collègues. J'espère que Martin me suivra. C'est mon pote, mon ami. On pense pareil, on a la même conception du métier et de la vie. On envisage d'évoluer de la même façon dans la profession.

J'accélère sur les dernières marches en fredonnant. « Quand je serai K.O. descendu des plateaux d'phono. » Le refrain de Souchon tourne en boucle sur la FM. Et dans ma tête. Je m'arrête à l'a.cu..l. « Poussé en bas par des plus beaux, des plus forts que moi, est-ce que tu m'aimeras encore, dans cette petite mort ? » Un pressentiment. L'air que je fredonne ne résonne pas comme d'habitude. Je pousse la porte. Un silence étourdissant. Un pincement au cœur. Une atmosphère inhabituelle. Il s'est passé quelque chose. De grave. D'insupportable.

D'insoutenable.

La salle d'attente est vide. Je regarde à droite, à gauche. Personne aux plaintes, ce n'est pas normal. Qui est de permanence aux plaintes, déjà ? Marc ? Un des neuf inspecteurs du deuxième étage. Il est où Marc ? Qu'est-ce qu'il fout ? Le voilà. Il sort du couloir où se trouvent les bureaux de la patronne et de son adjoint. Il a entendu le bruit de la porte. Il pensait que c'était un plaignant.

Son visage est blafard. Pâle, livide. Gris. Il tire encore plus sur sa cigarette que d'habitude. Il parle saccadé, presqu'inaudible. « T'es au courant ? », me demande-t-il. Au courant de quoi ? L'angoisse m'a sauté à la gorge, sans prévenir. Il est arrivé quelque chose à Martin ? « Non, non pas Martin. » Je souffle. Pas longtemps. Pas Martin, mais alors qui ? Quoi ?

Marc s'arrête. Écrase sa cigarette et d'un trait me balance : « Michel s'est suicidé hier soir en rentrant chez lui. » Premier choc. À mon tour d'être muet. Mais, mais comment ? « Avec son arme de service, une balle dans la tête. » Je suis effondré, mais je n'ai pas encore tout entendu. Le pire. « Avant de se suicider, il a tué sa fille de 5 ans, son fils de 3 ans. Toujours avec son arme de service. Il a laissé sa femme vivante. À priori, elle voulait le quitter ! » Deuxième choc. K.O. debout. Maux de ventres, maux de tête. Envie de vomir. Je ne suis pas sûr d'avoir tout compris.

Alain, inspecteur divisionnaire, l'adjoint de la patronne, confirme ce drame. Il en a vu d'autres, Alain. Il a fait toute sa carrière dans le 16e arrondissement de Paris. Il était de permanence le jour de la mort de Claude François. C'est lui qui a rédigé les constatations. Alain est de petite taille, mais c'est un grand monsieur. Au commissariat de la Porte Dauphine, il est notre père à tous, les jeunes inspecteurs du service. Nous protégeant, nous couvant, nous corrigeant, nous aidant. Ce jour-là, il est comme nous, profondément atteint. Détruit. Il prend sur lui, nous réunit. « Messieurs, vous le savez, Michel s'est donné la mort hier au soir. Nous avons été immédiatement prévenus, Mme le commissaire et moi, et nous nous sommes rendus sur place. » Il s'arrête, reprend son souffle. « C'était dur. Très dur. D'après ce que nous avons compris, Michel, hier soir en rentrant chez lui, a eu une discussion avec sa femme. La discussion a tourné à la dispute conjugale. Elle lui a annoncé qu'elle voulait le quitter. DIVORCER. Michel n'a rien répondu. Sa femme est allée prendre une douche. Michel a récupéré son arme de service. Il s'est rendu dans la chambre de sa fille puis de son fils, et les a tués chacun à leur tour d'une balle en pleine tête. Sa femme, entendant les détonations, est sortie de la salle de bains, en peignoir. Michel, devant elle, a mis son arme dans la bouche. Il a appuyé. »

Silence.

Que dire après ça ? Nous sommes anéantis. 1200 questions en boucle dans le cerveau. Aucune réponse. Michel nous a caché ses problèmes conjugaux. Rien dit. Cela fait 6 mois qu'on travaille côte à côte, qu'on boit le café dans la même tasse, qu'on se prête les serviettes dans les vestiaires. Pourtant, on ne le connaissait pas. Il a conservé son secret. Pas envie de s'épancher. Pas dans son éducation. Pas dans la culture de la boîte. On fait « un métier d'hommes », comme le stipulaient il y a encore quelques années les tracts publicitaires de recrutement pour la police. Alors rigoler, envoyer des vannes, se moquer de soi, oui ! Mais s'épancher sur ses difficultés personnelles, non.

On se pose tous les mêmes questions. Pourquoi tuer ses enfants ? Qu'il se suicide, lui, ça le regarde, mais ses enfants ? Et sa femme ? Pourquoi laisser sa femme en vie ? Quelle souffrance !

Nous avons tout entendu comme explications. Parfois n'importe quoi. Qui sommes-nous pour juger ? Des psys se sont prononcés sur le sujet. Ont analysé cette attitude, apporté des réflexions certainement très pertinentes. Mais à 29 ans, on ne comprend pas tout. Y a-t-il un âge pour tout comprendre ? Nous ne voyons qu'une seule chose, qu'un pote flic, à peine plus âgé que nous, a commis l'irréparable, le définitif, l'insoutenable. Et qu'on n'a rien pu faire pour l'empêcher.

On partage le train-train quotidien, le sport et le repas de midi… Mais rien d'autre. On rentre chez soi avec ses doutes, ses craintes, ses souffrances, ses peurs et ses pleurs. Dans le professionnel, rien ne doit transparaître de nos difficultés personnelles. Pire, on doit faire croire qu'on n'en a pas ! Pour être flics, on n'en est en pas moins hommes. Fragiles, parfois. Pas faibles. La fragilité n'est pas la faiblesse. Ne pas confondre. C'est juste un constat. Derrière nos gilets pare-balles de flics désabusés que plus rien ne surprend, aux regards éteints, fatigués d'avoir vu trop de saloperies, se cachent des hommes toujours prêts à se laisser surprendre par la beauté d'une fleur, la mélodie d'une chanson, l'émotion d'un baiser.

J'ai toujours été étonné de constater que parmi les policiers se cachent de vrais artistes. Je ne compte plus ceux qui font de la musique, qui chantent, dansent ou font du théâtre. Avec talent. Sans parler de ceux qui peignent. La peinture est un mode d'expression artistique répandu chez les flics, comme si le fait de s'asseoir devant une toile vierge, de se poser, de prendre son temps et un pinceau pouvait éloigner le quotidien, remplacer la laideur par les couleurs. Sans parler de ceux nombreux qui écrivent. Des romans, des essais, des poèmes ou des lettres d'amour. Catharsis obligée d'un métier furieusement violent, auquel on n'est pas préparé. Auquel rien ne prépare vraiment.

Alain finit de nous raconter ce qu'il sait. Nous sommes abasourdis. Si prompts à balancer des vannes, nous sommes muets. Stupéfaits par la violence de ce que nous venons d'apprendre. Bien sûr, on en a vu des cadavres. De toutes sortes, de tous sexes, de tous âges. Des morts naturelles ou accidentelles, des meurtres sordides ou crapuleux, des suicides par pendaison ou par absorption médicamenteuse. Bien sûr, on a fait semblant de le supporter. On les a touchés, retournés, manipulés pour essayer de déterminer les circonstances de leur décès. Bien sûr, nous avons montré que cela ne nous affectait pas, pas du tout. Un métier d'hommes… Là, il s'agit de quelqu'un que nous fréquentions au quotidien, qui travaillait avec nous, nous conseillait, avec qui nous sortions, riions, faisions du sport…

Alain n'a pas besoin de nous décrire la scène. Nous connaissons trop les dégâts occasionnés par une balle de 9 mm sur le visage d'un homme. Nous ne voulons rien imaginer. Même plus chercher à comprendre. Qu'y a-t-il à comprendre ? Nous voulons juste que le temps passe. Vite. Être plus vieux d'un jour, d'un mois, d'un an ! Oublier, faire confiance à l'usure du temps. Repousser cette sourde souffrance qui fait écho à nos propres vies.

Je suis papa depuis peu. Une petite fille, forcément adorable, de 10 mois. Les yeux de sa maman, le caractère de son papa. À moins que ce ne soit l'inverse ? Hier soir, on s'est engueulés avec ma femme. Pour une histoire de marque de couches-culottes. « Tu le sais, on prend toujours la même ! » Le ton est monté. Il n'est pas descendu depuis. Mais, quelle importance ? Je prends mon téléphone, essaie de la joindre, juste pour lui présenter mes excuses, pour les couches et pour le reste. Lui dire que je les aime, ma petite fille et elle. « Oui, oui, je sais que tu nous aimes, je suis au boulot, on se rappelle ? » Un silence, elle me connaît bien. « C'est grave ? Qu'est ce qui se passe ? » Je lui explique. Elle est abasourdie à son tour. Stupéfaite. « Rentre vite. On se retrouve à la maison. »

Avant de rentrer, la réalité du quotidien nous rattrape. Il y a du monde à l'accueil. Des gens viennent se plaindre. Les gens se plaignent toujours. Souvent à juste titre, parfois pour rien. Le voisin de sa voisine, la femme de son mari, l'amant de sa maîtresse. Les conducteurs se plaignent des garagistes, l'écolo de la couche d'ozone, le banquier du FMI, les footballeurs de la taille des cages ! Les voyous se plaignent de la police. La police se plaint de la justice et les journalistes se plaignent de tout le monde. Liste non exhaustive. Dans le désastre ambiant, dans le désarroi et l'incompréhension la plus totale, il faut assurer la continuité du service public. Prendre sur soi. Écouter les jérémiades des uns et les pleurs des autres, et les prendre en considération. Parce que ce sont des victimes. Des victimes ayant droit à un traitement de personnes en souffrance. Votre malheur de flic, là, tout de suite, ne les intéresse pas. Décemment, vous ne pouvez pas fermer le commissariat de police en accrochant un petit panneau indiquant : « FERMÉ POUR CAUSE DE SUICIDE. » Pourtant, vous n'avez envie de n'écouter personne. Juste être seul et pleurer. Plus rien n'a d'importance. Tout est dérisoire, banal, stupide, ridicule. Vous relativisez tout, certainement trop. Ça devient une habitude, une protection. Il faut continuer à vivre en cherchant à oublier. On tente bien de développer la « R.O.I. ». La Règle de l'Oubli Immédiat : pour mieux supporter l'instant qui suit, oublier le moment présent. Mais c'est un leurre. Ponctuellement efficace, désastreux sur le long terme. On n'oublie jamais, on accumule. Peut-on oublier la mort de deux enfants tués par leur père, votre collègue, qui après s'est suicidé ?

La mise en bière est horrible. L'église est noire de monde. Les trois cercueils posés côte à côte. Le plus grand, celui de Michel est entre les deux petits. Une émotion palpable. La femme de Michel, incarnation de la souffrance, extrêmement digne. Tous les inspecteurs de la Porte Dauphine se réunissent. Nous avons rendez-vous une heure avant le commencement de la cérémonie. Pour être tous ensemble, être vraiment solidaires et nous donner du courage, nous avalons quelques remontants avant de pénétrer dans l'église. Nous embrassons Michel, par la pensée. Une dernière fois.

Mes deux ans au commissariat de la Porte Dauphine s'arrêtent là. Ma mémoire refuse de se souvenir de ce qui s'est passé par la suite. Le disque dur est cassé. Parce qu'après ça, figure de style affligeante de vérité : rien n'est plus comme avant. Lancés à toute vitesse, on se croit forts et invincibles. On ne l'est pas. Parce qu'il y a des matins qui puent la mort, la détresse et la solitude. Et ceux-là, on ne les oublie pas. D'ailleurs, nous avons tous quitté ce service pour des raisons diverses. Comme si inconsciemment nous savions que notre reconstruction personnelle passait par notre séparation professionnelle et la nécessité de quitter ce vieil hôtel, vraiment trop particulier, qu'avait été pour nous le commissariat de la Porte Dauphine.

Martin est parti à Lille, apprendre d'autres recettes familiales de pâtes, avant de réussir quelques années après le concours de commissaire de police.

Alain, professionnellement parisien depuis toujours, a fini sa belle carrière au commissariat de police de Béziers.

Marc n'a pas résisté à l'avalanche de saloperies vécues dans sa carrière. Peut-être est-il resté comme sa clope à sa bouche, accroché au 16e arrondissement de Paris trop longtemps ? Il a été retrouvé mort à son domicile. Suicidé aux barbituriques.

Je n'ai pas voulu aller à la « première ». Juste envie de retrouver les miens. J'ai obtenu ma mutation pour Lyon. Ville de mon enfance et de mon adolescence.

J'ai continué mon boulot. Ce job de flic que j'aimais tant. Mais jusqu'où ?

Aymeric, Jean-Paul et Gilles

30 septembre 2011 – Bureaux de l'Inspection générale des services – Paris 12e –

« J'hésite. J'ai pas envie d'en prendre pour 30 piges. Tu te rends compte, 30 piges ! J'en ai 27. »

On est arrivés chacun de notre côté dans les locaux de l'IGS, Gilles, Aymeric, Jean-Paul et moi, convoqués à Paris. Même jour, même heure. Nous nous sommes retrouvés à l'accueil, comme des cons, face à trois adjoints de sécurité. Bien trop jeunes pour comprendre ce que nous avons éprouvé lorsque l'un d'eux a ordonné : « Pièce d'identité, s'il vous plaît. » Bien trop naïfs pour comprendre ce que nous avons ressenti lorsqu'il a poursuivi : « Attendez là, on va venir vous chercher. » Je ne peux pas leur en vouloir. On s'est retrouvés dans la salle d'attente. Les yeux cernés, des questions plein la tête. Tous les quatre, entre les fausses plantes vertes et les affiches de la police nationale. Tous les quatre, témoins malgré nous des préoccupations de trois jeunes ADS.

« Tu peux faire le tour des banques, mais aujourd'hui, même avec deux salaires, tu ne peux pas emprunter à moins de 20 ans. Il vaut mieux signer pour 30 piges et continuer à vivre à côté. Tu seras propriétaire à 57 ans. Mais tu seras tranquille. »

J'ai envie de hurler qu'à 45 ans je ne suis toujours pas propriétaire ! Non, à 45 ans, je me retrouve entendu dans les locaux de la police des polices, par les bœuf-carottes, et pour la première fois de ma vie, pour la première fois de ma carrière, je ne sais pas ce qu'il va m'arriver. Alors les crédits immobiliers, j'en ai rien à foutre. Mais, je ne peux pas leur en vouloir. Tous les quatre, assis sur des sièges soudés, perdus dans nos pensées, les mâchoires serrées. Tous les quatre, à se repasser les derniers jours au ralenti puis en vitesse accélérée. On n'a pas eu le temps de se parler, je n'ai pas eu la force de faire un brin d'humour. Aymeric a été appelé le premier. J'ai regardé sa silhouette s'enfoncer dans le couloir.

« Faut se méfier des taux variables. J'ai fait une simulation. Dis-moi ce que tu en penses. »

Je ne sais pas ce qu'on nous reproche. Je ne sais pas combien de temps ça va durer. C'est long, j'ai mal au bide. J'ai l'impression que mon banquier va apparaître sur le pas de la porte. Et puis c'est Jean-Paul qui s'est éloigné. Et puis Gilles a suivi. Et je suis resté, là, seul, comme un con, à les regarder partir un à un. Des minutes lourdes sur fond de plan de financement.

« Mais oui, si tu as des travaux, tu peux les inclure dans ton prêt. C'est pour ça qu'il faut tout regarder. »

Respirer, ne penser à rien, déposer une demande de prêt pour un bungalow sur une île du Pacifique. Respirer, oublier les plantes en caoutchouc. Respirer, les pieds dans le sable.

« Monsieur Gavat, vous pouvez me suivre ? »

Ils ont traversé des couloirs tristes, je Ies ai suivis. Ils ont annoncé au digicode : « On amène un "GAV" ». Je n'ai rien dit. L'acronyme est connu. Ils sont entrés dans le local des gardes à vue. J'ai regardé derrière. Trop tard. Ils ne m'ont pas laissé le choix. J'ai repris mon souffle. Ils étaient sept gardiens de la paix à être affectés à notre surveillance. Gilles mon adjoint, Aymeric mon collègue « commissaire » et Jean Paul, un capitaine des stups de Lyon, stockés au même endroit. Chacun sa pièce. Promiscuité interdite. Sept poulets tendres pour vérifier que quatre flics aguerris ne tentaient pas de s'évader. Ou de communiquer. Ou de se suicider. Onze policiers monopolisés sur la même mission. L'ETPT (Equivalent Temps Plein Travaillé) le moins rentable de la DGPN (Direction générale de la police nationale). Pendant ce temps-là, dehors, la délinquance continuait d'augmenter. Ils m'ont donné un stylo. J'ai signé le registre le plus détesté des flics. La garde à vue. Ils ont continué la procédure d'intégration. Je la connaissais par cœur. Mais, pour les autres. Ils ont vérifié mes chaussures, je leur ai donné mes lacets. Ils ont regardé mon pantalon, je leur ai laissé ma ceinture. J'ai vérifié l'heure, ils ont pris ma montre. Ils ont ouvert la porte et m'ont invité à entrer à l'intérieur. Invité ? Poussé dans la pièce, forcé à entrer. L'espace était gris, terne, triste. Clos. J'étais en cellule. Emprisonné. Embastillé. Le gardien de la paix m'a dit « Je vous comprends. » Je l'ai regardé, l'air grave, furieux. Méchant. C'est mon métier qui se refermait sur moi. Ce n'est pas lui que je voyais. « Ça m'étonnerait. Vous ne pouvez pas. » Il n'a pas insisté. S'est tu. A fermé la porte.

Les verrous se sont enclenchés. Je ne m'y suis pas habitué.

C'est pas vrai ?

Je me suis ressaisi. Un peu. J'ai regardé la cellule.

C'est pas vrai, dites-moi que je rêve, mais qu'est-ce que je fais là ? Pas moi, pas eux, pas nous. Y'a erreur sur la marchandise, tromperie sur les clients ! Pas après tout ça, pas après 22 ans dans la boîte, c'est pas possible !

J'ai regardé encore cette pièce sombre. Ma chambre. Pour combien de temps ?

C'est même pas neuf, ici. Pas aux normes ! Et la loi Carrez, alors ? Y'a quoi, en tout ? 5 mètres carrés, pas plus.

Il paraît que tous les prisonniers du monde font ça : traverser la cellule en comptant les pas : 46 chaussures : pointure 43. 3 ou 4, 5 mètres carrés, pas plus. C'est pas vrai ! C'est pas possible ! C'est un truc de dingue. En garde à vue. J'suis en garde à vue.

D'incrédulité, j'ai secoué la tête.

Commissaire de police, en garde à vue. Et Michel aussi. Michel, commissaire divisionnaire. Jean-Paul, capitaine de police aux stups, Gilles, mon adjoint, commandant à l'échelon fonctionnel et Aymeric, même Aymeric : commissaire, chef de l'anti gang ! À nous cinq : 150 ans de police ! Au moins ! 6723 voyous arrêtés, à 1000 ou

2000 près ! Des heures et des heures de planque, des nuits d'insomnie, des matins d'angoisse, des coups de feux échangés, des risques, des pleurs, des joies, du soulagement ; en pagaille, en cocktail, en souvenirs.

En médailles, même !

Joli filet de pêche pour la police des polices, les bœuf-carottes !

Qu'est-ce qu'on fait là ? Je ne comprends pas. Je ne comprends toujours pas. Ils se trompent de cible, les bœufs. C'est une mascarade, une mauvaise blague ?

Je n'arrêtais pas de regarder mon nouvel espace de vie. Je voulais me l'approprier. Pas qu'il me domine. J'ai pensé à tous ceux que j'avais mis en garde à vue. Je voyais pas ça comme ça, de l'autre côté.

Je me suis allongé sur le banc en béton, faisant corps avec le mur. Etiré tous mes membres. Fait semblant de trouver ça confortable. C'est pratique : on peut s'allonger de tout son long. C'est pas du Dunlopillo, mais ça renforce le dos. Le toubib m'avait recommandé un matelas « dur » pour redresser ma colonne vertébrale ! Je suis gâté.

Mais je n'ai pas tenu longtemps. Ce n'est pas possible, 22 ans de police, pour finir dans une geôle pourrie de la police des polices ! Quelle heure il est, là ?

J'ai regardé machinalement mon bras. Me suis rappelé qu'ils venaient d'enlever ma montre. J'avais oublié ce détail, des fois que je me suicide en m'étranglant avec le bracelet ! J'ai regardé le haut de mon pantalon… ou en bouffant ma ceinture.

Savoir l'heure, l'heure ! Juste pour savoir combien de temps il me reste à tenir.

Cette cellule commençait déjà à me sortir par les yeux. Je m'en suis moqué. C'est bien le côté exigu, c'est rassurant, ça fait cosy. Bon, la décoration est à chier. Et puis une idée, un doute plutôt. On fait comment pour les chiottes ? Dans la cellule ? Mais c'est contraire aux droits de l'homme ! Et les droits des flics, alors ?

J'ai trouvé la réponse officielle : « Vous n'avez pas de droit, commissaire, vous n'avez que des devoirs ! »

J'avais trop chaud. Et la clim ? Y'a même pas la clim. Et l'odeur ? Les jours sont encore chauds en octobre à Paris. Mon parfum « Police » ne fait plus effet. Bonne marque « Police ».

En sortant, j'ai changé. Avant, j'avais aussi les lunettes. Mon côté Bruce Willis ; avec des cheveux. En moins « star » et plus « Bruce ».

J'avais toujours dans les oreilles l'écho grinçant et lancinant du bruit des verrous. C'était terrible, jamais je n'aurais cru entendre ce bruit de l'intérieur. Je me répétais : 22 ans dans la police pour en arriver là, bravo ! Beau parcours, commissaire ! 22 v'là le flic. Collé dans une geôle, le commissaire.

J'ai même gueulé avec l'accent parisien : « Collé dans une geôle, sans une goutte de gnôle ! Ils ont perdu le sens de la convivialité, les condés des condés ! »

Connaître de l'intérieur ce que j'ai fait vivre de l'extérieur à tant d'autres, c'était instructif ! Je n'avais qu'à pas commencer ! Chienne de vie : on n'a jamais fini de s'éduquer ! Mais alors là, joli le changement d'aiguillage ! Renversement des rôles, autre angle de vue, prise de hauteur. Tomber aussi bas ! Ça fait mal. Très mal. Soudain, j'ai pensé que tout flic devrait passer un stage pédagogique de 24 heures en garde à vue. Ça calmerait les plus zélés, dissuaderait les plus virulents ! Peut-être même qu'on éviterait des bavures. On devrait inviter aussi les magistrats à passer quelques minutes en prison. On éviterait des abus de pouvoir. Dès que je sors, (si je sors !) je demande à bosser à la direction de la formation de la police ! J'aurai des idées formatrices révolutionnaires, il serait peut-être encore temps !

Garde à vue. Quel nom stupide ! Garde à vue ! À vue de qui, de quoi ? À l'ère d'Internet, la vue qui nous surveille : la caméra numérique ! Big brother, version intra-muros.

Garde à vue, garde-à-vous. La consonance similaire m'avait toujours frappé. J'ai répété très vite, plusieurs fois. Garde à vue – Garde-à-vous. Garde à vue – Garde-à-vous. Garde à voyous ! Gardave ! Fais chier, j'suis en garde à vue ! Je suis entré dans la police pour mettre les voyous derrière les verrous, pas pour qu'on m'y mette. Aujourd'hui, je suis pris pour un voyou, je risque de sortir de la police, en étant derrière les verrous ! Tu parles d'un cycle. Je suis pas dans la police pour faire du vélo, moi ! Quoique, commissaire en garde à vue, chapeau : largement en tête du peloton.

Ils n'ont pas fait dans la dentelle, les « bœuf-carottes ». La police des polices : des bovins qui enquêtent sur des poulets ! Une vraie vie de « basse »-cour ! Non, ils n'ont pas fait dans la dentelle, les bœufs, en « garde à vue au garde-à-vous » pour « association de malfaiteurs en vue de la préparation d'un crime ou d'un délit ». Mais au garde-à-vous devant qui ? Association de malfaiteurs ? Je n'étais pas sûr d'avoir compris. C'est qui les malfaiteurs dans cette affaire ? Les policiers avec qui je suis en contact téléphonique ? Si des policiers en contact téléphonique forment une « assoce » de malfaiteurs, quand ils sont côte à côte dans la rue, c'est quoi ? Les patrouilleurs que le ministre veut créer à deux ou à trois : des troupes de malfaiteurs aguerris ? Honnêtes gens, méfiez-vous, les rues ne sont plus sûres, les flics marchent ensemble dans la rue ! On s'étonne après que l'insécurité augmente !

En garde à vue par la police des polices après 22 ans de bons et loyaux services, pour « assoce » de malfaiteurs. Pour deux conversations téléphoniques avec Michel, mon chef hiérarchique direct. Je lui ai dit « oui », j'ai pensé « non ». Penser, ça ne s'entend pas sur les écoutes. Pourtant, la procédure a été respectée. Conformément à l'ordonnance reçue, la came a été cramée. Devant témoins. Mais ils n'ont retenu que ce qu'ils ont entendu, les bœufs. Dire que pour une fois j'ai fermé ma gueule. Ma putain de grande gueule ! Pourtant je leur ai hurlé : « Mais c'est mon supérieur, Michel. Mon big boss ! Fallait que je lui dise quoi ? Qu'il aille se faire foutre ? À lui ? Mon chef ? Mon mentor ? »

Je n'ai plus que ça à faire, je répète en boucle : assoce de malfaiteurs. Les malfaiteurs « en l'espèce ». Expression finement juridique, « en l'espèce » ; ça ne veut pas dire qu'on va payer en liquide ou que les malfaiteurs sont une espèce particulière, une race en voie de disparition, ça se saurait ! Les statistiques de la délinquance baissent, mais le nombre de malfaiteurs augmente, paradoxe… « En l'espèce » ça signifie « dans le cas présent ! » Les malfaiteurs, « dans le cas présent », c'étaient Michel, mon chef hiérarchique direct, commissaire divisionnaire, 33 ans de police, pro de la PJ, charismatique, considéré par tous, la hiérarchie, les magistrats, les subordonnés, comme le meilleur flic de sa génération, décoré de la légion d'honneur et moi : commissaire de police, 22 ans de police, 18 lettres de féloche, médaille du courage et du dévouement au feu ! Tous deux : vierges ! Notre casier judiciaire, pas notre signe zodiacal !

De vrais malfaiteurs. On méritait de croupir quelques heures en « gardave » avant d'être mis en examen par un juge destruction. Ma langue a fourché, juge d'instruction…

Mis en examen ! La totale : j'y crois pas. Tu vas être fier de moi, papa : je vais réussir un examen du premier coup. Sans même l'avoir passé ! Désolé, p'pa !

Ils ont fait du bruit. Les pas. Les clefs. Ils ont allumé la lumière. Je ne dormais pas. Ils m'ont demandé de me lever. J'étais attendu. Pas désiré. Ils m'ont ouvert la porte, je les ai suivis. Ils ont traversé de longs couloirs, j'étais toujours derrière eux. Ils m'ont fait patienter devant un bureau, je me suis posé contre le mur. Ils ont frappé à la porte, l'air intimidé. Je prenais le frais. Je me doutais que j'allais rencontrer le juge. Ils m'avaient entendu une fois. J'avais répondu à toutes leurs interrogations. Ils n'avaient plus rien à me demander. J'avais levé le voile sur leur doute. Leur dossier était vide. Au tour du juge. Liberté ou prolongation ? Ils sont entrés dans le bureau, ont annoncé que j'étais là. Ils ont reçu l'autorisation de me faire entrer. Deux hommes. Ils se sont présentés. Les magistrats chargés du dossier. Ils ne se sont pas levés, ne m'ont pas serré la main. Une épidémie dans les couloirs de la police des polices ? On ne salue pas les policiers gardés à vue. Quelle tristesse. L'élégance n'est plus ce qu'elle était. Ils m'ont désigné une vilaine chaise, face à leurs vilains bureaux. J'ai regardé leurs mauvaises mines. Ils m'ont demandé si j'étais bien traité. Un sourire. Bien traité en cellule ? Chez les bœuf-carottes ? Ils avaient raison de me poser la question. Ce n'étaient pas les conditions de la détention qui étaient en cause, juste la raison de ce traitement. Pourquoi la garde à vue ? Ils m'ont répondu qu'ils ne comprenaient pas que je ne comprenne pas. Un professionnel comme moi ? Avec cet air… Celui de ceux qui n'ont pas fauté, jamais. Qui n'ont pas mis les mains dans les pots de confiture. Qui n'ont pas copié en classe. Qui n'ont jamais brûlé un feu rouge ou franchi une ligne blanche. L'air de ceux qui sont du bon côté de la machine à écrire. Tellement plus facile. L'air triste, quoi ! J'ai rétorqué qu'on était plusieurs à ne pas comprendre, à ne pas « se » comprendre dans ce dossier. Justement parce que j'étais un professionnel. Que je connaissais la procédure. Un paradoxe d'incompréhension supplémentaire. Ils n'ont rien voulu savoir. Ils savaient tout. Ils savent toujours tout. On était coupables. De toute façon leur décision était déjà prise. La loi prévoit que les gardés à vue sont présentés au magistrat instructeur avant la prolongation. Ça a duré 5 minutes. La loi a été respectée. Comment en si peu de temps expliquer notre vision des choses ? Expliquer qu'une lorgnette a plusieurs bouts. Qu'il est facile de mentir au téléphone. Expliquer à ceux qui savent déjà tout. Ils m'ont notifié que ma garde à vue était prolongée de 24 heures. Rien que ça ? Je les ai regardés. Incrédule.

J'ai compris qu'ils ne comprendraient pas. J'ai signé le document mentionnant que j'allais bien et que je n'avais aucune objection à faire. Je les ai gardées pour moi. Me suis levé. Je les ai même salués d'un « Bonsoir messieurs ». Je ne suis pas certain qu'ils m'aient répondu. Quand on ne dit pas bonjour, on ne s'abaisse pas à dire bonsoir. J'ai suivi le même policier intimidé dans ces mêmes couloirs tristes des locaux de la police des polices. Il m'a ouvert la porte de la cellule. Je n'ai pas attendu qu'il m'invite à y entrer. J'ai constaté que Gilles, Aymeric et Jean-Paul subissaient le même sort que moi. Je leur ai souri. Je suis entré dans la cellule. Il a refermé la porte. Les verrous se sont enclenchés. J'ai sursauté. Je ne m'y habituerai pas.

J'ai regardé ma main. Qu'est-ce qu'elle a ma main ? Ils m'ont foutu en « prolongation de gardave » et ils ne m'ont toujours pas serré la paluche. Elle a quoi ma main ? Une maladie honteuse ? Transmissible ? Elle est malformée ? Trop petite ? Trop grande ? Elle a mis ses doigts là où il fallait pas ? Qu'ils se rassurent, je vais pas leur demander la leur. Y a des limites quand même ! Je n'allais pas renier mes membres. Trop dur de renier sa main. Hier encore, elle serrait celle du préfet et du procureur de la République ! Elle saluait tous les gars avec qui je bossais au quotidien. Elle caressait le corps de mon amoureuse. Elle jouait de la guitare. Et elle trinquait avec les voyous ! Ça ne gênait personne. Au contraire, tout le monde fermait les yeux sur nos poignées de mains avec eux. Ça permettait de ramener des informations et de réaliser de belles affaires.

J'aurais dû prendre des gants. Ils m'auraient peut-être serré la paluche. Franchement, nous traiter comme ça. Ne pas nous serrer la main, nous appeler hautainement « monsieur ». Ça veut dire quoi ? Hier on était des bons flics, des collègues charmants, on nous adorait, nous félicitait, nous remerciait. On était filmés. On passait à la téloche. Aujourd'hui mis en cause dans un dossier, on est des voyous, des malfrats, des rebuts de la société à qui on dit hypocritement et socialement « môssieur », et à qui on ne serre pas la main ? Premier geste de reconnaissance sociale.

Et refuser que j'appelle mes enfants. Maman. Mon père. Mon amoureuse. Juste comme ça, 2 minutes, pour les rassurer, les entendre. Pour leur demander de me mettre de côté quelques kilos d'oranges pour ma future détention. Et leur dire que je les aime. Les faire sourire et pleurer. Me rassurer. Nous rassurer !

Non, môssieur le cômmissaire, vous connaissez la loi comme moi, en garde à vue on ne passe pas d'appel ! La loi, la loi… mais quelle loi ? Celle du code de procédure pénale qu'on applique au pied de la lettre au prétexte qu'on est la police des polices. Ou la loi de l'intelligence, la loi du cœur, celle qui ne mélange pas le devoir et l'élégance ! Le devoir n'exclut pas l'élégance ! J'ai pensé à Cyrano de Bergerac : « Moi, c'est moralement que j'ai mes élégances ! » Parce que là franchement, ce n'est pas de la hauteur qu'ils ont pris, c'est du mépris ! Ça ne les honore pas. Je ne critique pas leur job, aux bœuf-carottes et aux juges. Ils ont un rôle nécessaire à jouer dans notre basse-cour. Y'a de tout chez les poulets. Des fous, des toquards, des obsédés sexuels, des ripoux aussi. Pas plus que dans n'importe quelle profession. Mais y'a aussi des mecs honnêtes. Courageux, généreux, chevaleresques. Et un flic chevaleresque ce n'est pas qu'un poulet qui monte à cheval, non ! Alors faut bien qu'il y en ait qui fassent le tri au milieu de cette représentation équestre de notre profession.

Dans l'absolu, mais alors le grand absolu, je ne leur en veux même pas de m'avoir foutu en garde à vue. S'ils pensaient avoir un doute, qu'ils n'hésitent pas à le lever en me plaçant en geôle. Je leur en veux pour cette pseudo-attitude supérieure, pour leur suffisance, remplie d'insuffisances ! Non, je ne les critique pas. Je « le » constate. Ça me désole.

Le gardien a toqué à ma porte. Il m'a demandé si je voulais manger : « Manger ? Vous trouvez que je n'ai pas assez reçu jusqu'à maintenant ? Là tout de suite, je préférerais être au régime. Mais j'accepte. J'ai faim. Vous avez des plats cuisinés ? Du bœuf carottes ? C'est une blague ? C'est encore pire que ce que je pensais. Non merci, je ne prendrai pas ça. »

J'ai regardé ma main : j'ai pas aimé leur entrée !

« Quoi d'autre ? Du poulet au curry ? Ils ont une carte garnie la police des polices. C'est plus "faux-cul" que "Bocuse" ! Mais au moins ils prennent soin de leur invité, jusque dans le menu. »

Il ne me restait plus qu'à attendre la suite du repas.

Je me suis allongé.

Le sommeil ne m'a pas trouvé.

Ils sont encore venus me chercher. Je les ai encore suivis. Toujours ces mêmes longs couloirs tristes. Je reprenais l'air. Je me maintenais. Un peu d'activité physique après tant de torpeur. J'apprenais à gérer le temps. Ils ont frappé à la même porte. Le même air intimidé quand ils sont entrés. Ils m'ont annoncé. Un juge. Un seul. Le manque de moyens dans la magistrature se faisait sentir. On ne s'est pas salués. À quoi bon ? On se connaissait maintenant. J'ai été distant. Pas très envie de me rapprocher. Il m'a regardé profondément de ces yeux noirs qui se voulaient perçants. Je n'ai pas vacillé. Si je ne comprenais pas le traitement de la garde à vue, j'ai toujours aisément supporté la solitude. Même à plusieurs, j'ai souvent été seul. Paradoxalement, la famille nombreuse prépare à l'isolement. Parfaitement capable de rester deux jours sans parler. Sans bouger. J'ai toujours eu une grande activité intérieure. Parfois trop. Je crois même que j'ai souri. L'intérieur, j'en ai fait mon ministère. Un peu d'humour dans ce monde triste et froid. Il n'a pas dû comprendre la raison de mon rictus. À la question « peut-on rire de tout ? », je cite toujours la réponse de Pierre Desproges : « Oui, mais pas avec n'importe qui ! » C'est marrant, devant cet homme, seul capable de décider de mon sort, je n'avais pas du tout envie de lui parler. Encore moins de rire. Pas comme ça, pas dans ces conditions.

De toute façon, il s'était déjà écouté. Il n'a pas cherché à m'entendre. Il a appliqué sa loi. Il m'a notifié une deuxième prolongation de garde à vue. De 48 heures. La prolongation de la prolongation. Habituellement réservée au grand banditisme. On se dirigeait tout doucement vers 96 heures de retenue judiciaire. 96 heures pour 30 secondes de conversation téléphonique. Heureusement que pour une fois, je n'avais pas été trop bavard. Il a dû me parler. Je n'y ai pas prêté attention. J'ai signé le livre d'or de la prolongation. Oui, le traitement était très bien. Non, aucune violence illégitime. On était chez la police des polices, quand même ! La cellule rustique manquait un peu de confort et les plats du menu, comment dire ? d'originalité. Je lui ai rendu son stylo. Tourné le dos. Je suis sorti. Et je l'ai oublié. J'avais 48 heures à préparer.

J'ai suivi les gardiens. Ils m'ont fait faire le chemin en sens inverse. Je commençais à le connaître. Direction la cellule. Je leur ai proposé de leur ouvrir la route. En éclaireur. En cas d'agression. Ils m'ont regardé. Surpris. Étonnés. Sérieux. Comment osais-je faire de l'humour, alors qu'on venait de me notifier une prolongation de 48 heures de garde à vue ? J'ai repensé à ce texte, lu dans un vieux bouquin chez mon père, que j'avais appris par cœur il y a des années. Un bouquin sur la guerre. Je ne sais plus laquelle. La deuxième, je crois. Un officier, peu de temps avant de mourir, écrit à son petit garçon : « Il n'y a que deux sortes d'homme, mon fils. Ceux qui se prennent au sérieux, et les autres. Il ne faut pas en conclure brutalement que ceux qui se prennent au sérieux le sont, et vice-versa. Hélas non, la vie n'est pas si simple. Les gens qui se prennent au sérieux ont une vie grise et froide. Pour eux, rien n'est gratuit, tout est calculé. Être sérieux, mon fils, c'est se regarder dans une glace, et rire. Rire de se voir si mal foutu, si ridicule, si incomplet, si misérable. C'est rire de soi avant que les autres ne le fassent. C'est rire enfin, car le rire est notre sixième sens. » Ils n'ont plus décroché le moindre mot. L'heure était grave. À l'enfermement, pas à la rigolade. Quand ils m'ont ouvert la cellule, je leur ai demandé s'ils voulaient prendre ma place. Ils n'ont pas compris. Ont secoué les épaules. Avec véhémence, ils n'ont pas accepté. De toute façon j'aurais refusé, mes camarades de promotion « garde à vue » y étaient toujours. Je ne les aurais pas laissés seuls. Je leur ai fait signe de ma cellule. Plus que 48 heures, les gars ! La quille dans 2 jours !

Ils ont refermé la porte. Les verrous se sont enclenchés. Je ne m'y habituerai jamais.

Cela faisait un moment que je faisais les cent pas. J'ai toqué à la porte et j'ai demandé au gardien :

« Il est quelle heure, là ? » « 21 heures. » Mais de quel jour ? En prolongation de prolongation de garde à vue, j'suis paumé question horaires.

Qu'est-ce qu'ils foutent, là ? À quoi ils jouent ? Suis là depuis 10 heures hier. Ou avant-hier. Ou avant avant-hier ; je sais même plus ; et ils m'ont entendu trois fois. Trois fois en tout et pour tout ! Avec les mêmes questions à chaque fois ! Les mêmes questions, mais posées d'une façon différente.

Des fois que je ne voie pas la « manip » ! Sont joueurs, les bœuf-carottes ! Taquins. Vingt-deux ans de boîte, je connais la musique par cœur ! Vont quand même pas me le faire à l'envers. J'vais pas changer les paroles, sous prétexte qu'on me change la partition.

Je me suis tapé la main sur le front : C'est pas écrit « gros con » de la PJ, là !

Je n'ai rien fait d'autre. À part un grand déplacement en direction d'un laboratoire de police ! Déplacement organisé, en voiture banalisée avec un chauffeur, un commissaire et un OPJ pour me surveiller. Comme au bon vieux temps, quand c'était moi le chef de bord. Quand je suis monté dans la voiture, il n'y avait que le chauffeur, je lui ai dit : « C'est pas la peine de les attendre, on peut y aller ! » Ça ne l'a pas fait rire : j'étais le prisonnier ! Ils m'ont installé derrière. J'ai kiffé grave ! Pour une fois, je n'avais pas la place du mort ! Au labo, on nous a fait pisser dans un bocal et prélevé des cheveux ! Des fois qu'on se drogue ! Heureusement, j'avais arrêté ! Il y en a qui lisent l'avenir dans le marc de café, eux ils lisent le passé dans les cheveux ! Après, on se demande qui a fumé ? Avec mon adjoint, ils ont été emmerdés. Il est quasi chauve.

Quoi d'autre ? Ah oui, j'ai lu ! Grande classe : ils m'ont laissé mes lunettes ! La montre et la ceinture, non, mais les lunettes, oui ! Il y a des degrés de dangerosité auxquels je n'avais pas pensé avant. Donc, j'ai lu. Enfin, lire est un grand mot. Mes lectures ont dû se limiter à ce qui était autorisé « en l'espèce » : pas de quotidiens, que des magazines. Féminins, évidemment, et vieux de 5 ou 6 mois ! J'ai pensé : t'es en garde à vue, vieux ! Pas chez le libraire ! Les magazines avaient été récupérés par les gardiens de nos geôles. Ils s'emmerdaient autant que nous ! Ils avaient des quotidiens aussi, mais on leur avait interdit de nous les donner, ils parlaient de notre affaire ! Il ne fallait pas qu'on soit au courant ! Mais nous, on était en plein dedans. Je parle de l'affaire. On était quand même les premiers concernés ! Ce n'est pas le fait de savoir ce qu'en disaient les journalistes, diaboliquement bien renseignés au demeurant, qui allait nous faire changer nos déclarations ! Curieux, d'ailleurs, la vitesse à laquelle les journalistes sont au courant de tout ! C'est plus le secret de l'instruction, c'est la diffusion de l'instruction !

Le secret de l'instruction ? L'instruction : un secret ? T'imagines : « Excuse-moi, tu t'instruis un peu ces temps-ci ? Ah ben, non, l'instruction, c'est secret ! » Après on s'étonne qu'il y ait des analphabètes en France ! C'est pour ça que les journalistes dévoilent tout ! Pour que tout le monde puisse s'instruire ! Ça mériterait au moins un sous-secrétaire d'État au ministère de l'Éducation nationale, non ? En attendant, pour nous, c'était *Gala* d'août 2010, *Voici* de juillet 2009 et *Femme actuelle* de juin 2007. La salle d'attente du dentiste, la roulette en moins, les interrogatoires en plus ! J'ai tout lu. Deux fois ! J'ai même eu le temps de les apprendre par cœur. Imbattable sur les articles branchés aux titres évocateurs : « Mode : les détails qui gâchent tout, comment les éviter ? », « L'été arrive, 20 façons de s'amuser avec les mecs ! » Je me suis tellement emmerdé pendant tout ce temps, j'ai même appris les mentions légales et le prix de vente de ces magazines dans les pays étrangers ! C'est marqué sur la tranche du magazine, ou tout en bas de la page de garde ! J'ai inventé un jeu : trouver à quoi correspondent les initiales et deviner à quel prix il est vendu dans ces pays ! BEL ? Belgique. Facile,

2,30 euros. C'est achetable ! CH ? Plus dur ? Attention, y'a un piège : la Chuisse ! 4,50 euros, m'étonne pas, z'ont les moyens les Chuisses ! Et AND ? Trouvé : Andorre ! Question géographie : camembert rose au Trivial Poursuite ! Prix de vente : 2 euros. Tarif normal pour un paradis fiscal ! C'est dingue à GRE, il se vend 4,20 euros alors qu'à POLY. FR c'est 1400 F. CFP ? Ça fait combien en euros 1400 F. CFP ?

J'ai gueulé : « Ils se foutent de ma gueule ou quoi ? Pourquoi ils ne me remettent pas dehors ? » On n'a plus rien à faire ensemble ! D'habitude, je choisis les gens avec qui je passe mes nuits. Ils ne vont quand même pas me faire ça ? Une troisième nuit en « gardave ». J'ai toujours pas mon pyjama préféré, à rayures, il aurait été dans le ton ! J'ai regardé ma cellule. Je n'arrivais pas à m'habituer. J'avais quand même passé des nuits plus romantiques dans des endroits plus chaleureux. Elles me semblaient loin, d'un coup, les nuits sur la plage au clair de lune avec mon amoureuse. Je me suis imaginé avec elle :

« Tu prends encore une petite coupe de champagne, mon amour ?

– Tu sais, on devrait enlever nos tongs pour marcher, c'est sympa de sentir la chaleur du sable entre nos doigts de pieds !

– J'ai peur de me casser un ongle et si on croise un crabe, il pourrait me mordre un orteil !

– T'inquiète pas, je suis là. Les crabes nocturnes n'existent pas. Le crabe ne sort que le jour. »

Une lumière puissante m'a éclairé le visage : « Hein ? Quoi ? »

J'ai regardé la personne qui venait d'allumer : « Excusez-moi, je m'étais évadé. Enfin, j'étais en train de rêver, de rêvasser, pas de m'évader, bien sûr, je suis là ! Non, je me moque pas de vous, même ici, j'ai le respect de la profession. Si je veux une autre couverture ? Pourquoi pas ? Les nuits sont fraîches en octobre à Paris pour les crabes solitaires. »

Il m'a regardé, surpris. « Non rien, ne vous inquiétez pas ! L'air de la plage est trop frais, c'est tout. »

Il m'a proposé une vieille couverture, un peu sale, un peu élimée. Je l'ai acceptée, secouée et je l'ai étendue sur mon lit en bêton. J'ai constaté une mention écrite dessus. J'ai lu : « Propriété de la police, Inspection générale des services, PARIS 12e.»

Je me suis dit : « Si j'arrive à piquer cette couverture, je suis le roi du monde ! Je vois les gros titres d'ici ! « Houdini chez les bœuf-carottes : un commissaire gardé à vue par la police des polices dérobe la couverture de sa cellule. » Si je m'en sors et que j'arrive à la piquer, je l'expose en trophée dans mon bureau de la direction de la formation ! C'est inquiétant, ça : si la police des polices a peur de se faire voler son propre matériel dans ses geôles par les flics qu'elle met en garde à vue, on est vraiment mal barrés. Y'a vraiment un problème de sécurité dans ce pays !

Je me suis allongé sur la couverture. Elle me protégeait un peu du lit en béton, j'ai demandé : « On peut baisser la lumière, s'il vous plaît ! Je sais, il faut que vous m'ayez à vue. Ne vous inquiétez pas, même dans le noir, je suis voyant ! »

La lumière s'est éteinte, sauf un rai qui éclairait mon visage. J'ai essayé de m'en cacher en mettant la couverture sur moi. J'ai même changé de place, les pieds à la place de la tête, mais à chaque fois j'avais l'impression d'être ébloui. Je me suis redressé : « Mais c'est de la torture ! Je vais vous dénoncer à la CEDH ! »

Depuis ma cellule, je n'ai pas réussi à contacter la Cour européenne des droits de l'homme. J'ai essayé malgré tout de dormir en tournant en rond et en me frottant le dos, les fesses, les bras, les reins. Toutes les parties de mon corps endolories. Je me suis dit : j'ai plus l'âge de camper ! Ils ont même pas fait de feu de camp. Il devrait y avoir une limite d'âge pour être placé en garde à vue ! Décidément, c'était mon soir. Quelqu'un est entré dans le local des gardes à vue et a demandé qui était le commissaire Gavat. Je me suis redressé : « C'est moi, pourquoi ? Pardon ? Vous avez une surprise pour moi ? Une bonne ? Je change d'hôtel ? Vous m'avez pris une chambre au Novotel ? Qu'est-ce que c'est ? »

L'homme m'a tendu une assiette. Elle était remplie de sushis et de nems. Il y avait un petit mot dedans. Je l'ai lu : « On est avec toi ! La "54" ! Dominique ».

Un vrai moment d'émotion. Je les ai remerciés : « La 54e promotion de commissaires, ma promo. La classe. Merci Dominique, Lolo, Marianne et les autres. »

Du coup, j'avais même mieux à bouffer que mes gardiens. Ils n'avaient que des sandwichs ou des petites gamelles, faites maison. Je leur ai proposé de manger japonais : « Vous en voulez un peu ? »

Ils ont refusé. J'ai tout mangé. Je peux confirmer : le sushi est bien meilleur que le bœuf carottes.

L'attente a repris le pouvoir. Jusqu'à quand ?

Titou

Septembre 2008 – Rentrée des classes

Il a posé son manteau élégant sur la chaise du bureau. Jeté un coup d'œil au tableau noir. Il a pensé : « Tiens, ils n'ont pas écrit de bêtises cette année, les traditions se perdent. » Il a pris son temps, regardé sa classe de terminale. Une trentaine d'élèves, garçons et filles mélangés. L'intellectuel, devant, lunettes sur le bout du nez, stylo à la main, prêt à tout noter. Le dilettante au dernier rang, avachi sur sa chaise, mal coiffé. Un doigt qui cherche sa narine, l'air ailleurs. La starlette de la cour, bien entourée de deux apprentis séducteurs qui ne savent pas encore qu'ils vont en baver ; elle les aura à sa botte pendant un an et partira avec un autre après le bac. Et puis tous les autres. Les petits, les grands, les discrets, les timides, les sportifs. Il pourrait les décrire tous au premier coup d'œil. Comme chaque année.

Pourtant, il ne s'en lasse pas. Ça fait vingt ans maintenant qu'il est prof. Vingt ans qu'en début de saison, comme il dit, quand il découvre une nouvelle classe, il s'amuse à ranger ses élèves dans des cases, à les trier, selon ses critères. Pour les deviner, mais surtout pour se laisser surprendre. Il sait qu'en cours d'année il sera étonné.

« Aujourd'hui, mesdemoiselles, messieurs, nous allons commencer par une chanson d'Etienne Daho : "Le premier jour du reste de ta vie". » Les élèves sont surpris, pouffent. Etienne Daho, c'est les années twist, non ? Un p'tit brun lève la main. « M'sieur, vous êtes prof de quoi, au juste ? Parce que sur notre emploi du temps, c'est marqué : Mathématiques ! »

Il a fait ce grand sourire que j'adore. Content de son effet. A écarté ses bras. « Ne vous inquiétez pas, je suis bien votre prof de maths. Il y a des musiciens parmi vous ? » Les élèves décontenancés, sont pourtant de plus en plus attentifs. Même le doigt du dilettante du dernier rang a arrêté de chercher sa narine. Il en profite pour le lever. « Ouais, m'sieur. Moi. Je fais de la guitare. » Ses copains sont surpris. « Tu joues de la gratte, toi ? »

Le prof enchaîne : « Merveilleux ! Mais j'imagine que tu n'es pas venu avec ? »

« Euh, non, m'sieur, mais si j'avais su… »

« T'aurais pas venu ! » La classe a ri. Le prof a continué « Je connais mes classiques. Dommage, tu nous aurais fait un p'tit riff. » Ils le regardaient tous avec des grands yeux. Mais c'est qui ce prof ?

Ce prof, je le connais depuis toujours. C'est le seul que j'aie vu grandir. J'étais là le jour de sa naissance. L'un de mes frères. Familialement surnommé : Titou. Depuis toujours et pour toujours.

Il a continué son cours. « La musique, c'est des mathématiques. Ne vous fiez pas aux apparences. Laissez-vous surprendre. » Il a regardé le musicien de la classe. « Vous ne savez même pas qu'il gratte. Et pourtant… Lui-même, en jouant de la guitare, il ne sait pas qu'il fait des maths. Quand sa main se balade sur le manche, qu'elle monte d'un demi-ton, descend d'un bémol, enchaîne des tempos différents, il fait des maths, sans le savoir ; comme monsieur Jourdain faisait des vers ! »

Les élèves ont commencé à comprendre. L'un d'eux a demandé : « Mais pourquoi Etienne Daho, m'sieur ? Le premier jour du reste de ta vie ? C'est mathématique, là aussi ? »

Mon frère a secoué ses épaules. « Certainement, tout peut être mathématique ! Mais là, je m'en fous. Je voulais juste vous faire partager cette chanson que j'aime énormément. Et quand on aura le temps, vous montrer le film éponyme, magnifique. »

Un autre élève a levé le doigt : « M'sieur, ça veut dire quoi éponyme ? »

Titou a souri. Le cours était lancé. Il avait retrouvé ses marques.

Ils avaient pris leurs habitudes. Nous les nôtres. Le quatrième jour en communauté, on finit toujours par trouver son rythme. Un bon petit rythme. Gilles faisait des séries de pompes. Aymeric demandait un autre magazine à lire. Jean-Paul commandait le petit déjeuner. Moi, je chantonnais. Les gardiens commençaient à nous apprécier. Ils avaient dû être briefés sur notre dangerosité potentielle. Ils se sont vite rendu compte que nous étions des agneaux. Pas des brebis galeuses. Les plus curieux avaient dû vérifier qui étaient ces flics qu'ils devaient surveiller. Notre ancienneté et notre parcours ont dû les faire bader. Commencer leur carrière de jeunes flicards en surveillant des hauts gradés de la police ne devait pas être la partie la plus réjouissante de leur formation continue. Nous leur avons parlé. Ils nous ont découverts. Nous aussi. Ils nous ont demandé des conseils. Quels services choisir après leur titularisation ? Ils rêvaient de police judicaire. On leur a déconseillé en souriant. Vous avez vu où ça mène ?

À tour de rôle, ils nous ont laissé accéder à la douche. Je n'avais pas de serviette, mais une chemise de rechange. Elle m'a permis de m'essuyer. Heureusement la 54e promotion veillait. Un collègue m'avait fait livrer une brosse à dents. Sans dentifrice. Ça lui a été refusé. Je ne sais toujours pas pourquoi. Même pas grave. Des années à randonner, on a vu pire. Nous n'avions pas le droit de communiquer entre nous. Mais nous avons pu échanger quelques affaires de toilettes. Il y avait comme un air de fin de colonie de vacances. Mais nous ne savions pas encore à quel moment on allait pouvoir se jeter dans les bras de nos parents. Si seulement cela arriverait. J'en doutais presque, tellement cette procédure ne semblait pas être traitée normalement.

Les bœuf-carottes sont venus nous chercher chacun à notre tour. Encore une audition. De confort. Pour justifier « la prolongation de la prolongation » de la garde à vue. Ils n'avaient pas de nouvelles questions à nous poser. Toujours les mêmes. À l'endroit, à l'envers. Pas facile de tenir au moins une heure comme ça. Je leur ai proposé de m'interroger en anglais. J'ai toujours eu besoin de progresser dans cette langue. Même le commissaire qui m'interrogeait, sans m'avoir serré la main, commençait à en avoir marre de me poser les mêmes questions. Ma boutade linguistique l'a presque fait sourire. Je lui ai demandé quel était notre avenir proche. Il ne savait pas. Il n'était pas le gestionnaire de la procédure. L'atmosphère s'étant détendue, j'ai demandé si je pouvais appeler mon amoureuse. Ou mes parents ? Ma fille ? Il a refusé. La détente a ses limites. Elles sont fixées par la loi. Je connaissais la réponse. Je n'ai pas été déçu. Mais, je n'ai pas pu m'empêcher de penser à tous ces gardés à vue, à qui on a offert une clope, un whisky, un appel téléphonique. La loi ne l'interdit pas. Elle ne le propose pas. Tout est dans la nuance.

Cinquante-cinq minutes plus tard, ma quatrième audition était terminée. Compte tenu de ce que j'avais à dire, il avait un peu fait durer le plaisir, le commissaire interrogateur qui ne serre pas les mains. Il a demandé qu'on me raccompagne en cellule. Je lui ai dit que j'avais repéré les lieux, et que je pouvais y aller seul. Ça ne l'a pas fait marrer. Je lui ai suggéré une éventuelle confrontation entre Michel Neyret et moi, voire avec mon adjoint. Histoire de passer encore un peu de temps ensemble. Mais il n'était pas le gestionnaire du dossier. Il me l'avait déjà dit. Voilà.

Voilà. Quatre jours de garde à vue d'un commissaire de police. Haut fonctionnaire de la police nationale. Flic depuis 1988. Inspecteur jusqu'en 2002. Commissaire depuis cette date. Quatre jours de garde à vue à la police des polices. Sur la forme : sans politesse, sans courtoisie, sans compassion. Sur le fond : sans confrontation, sans perquisition, sans interrogatoire durant des heures. En tout et pour tout : quatre heures d'audition, deux heures de trajet pour aller au laboratoire grâce aux bouchons parisiens ; une heure pour arriver à pisser dans un bocal et se faire prélever, pour ceux qui en avaient, deux touffes de cheveux ; deux prolongations de garde à vue et puis plus rien. Rien que le silence et la confrontation avec soi-même. S'interroger sur son métier. Les sacrifices consentis. Sur le sens du service public. Découvrir comment l'administration, par la volonté de quelques-uns, arrive à casser des hommes, des flics, des pères, des maris. Découvrir de l'autre côté du miroir la réalité d'une garde à vue. La suffisance des uns, la bêtise des autres, la grandeur de certains. On a fait croire à tout le monde que la coupe était pleine, à coup d'appellations juridiques mirobolantes. Stupéfiantes ! La garde à vue aurait pu être traitée en sept heures. On nous a gardés 96 heures. Je n'ai toujours pas compris pourquoi. J'ai eu 89 heures pour penser à ce livre, qui met ma carrière en péril. Toutefois, elle l'était déjà à cause de la garde à vue. Je ne savais pas encore que le juge d'instruction allait me donner encore plus de temps. La garde à vue n'était qu'un apéritif. On allait commencer le plat de résistance.

Ils ne nous ont pas fait retourner dans leurs bureaux. Ils sont descendus dans les geôles pour nous notifier la fin de notre garde à vue. Et la présentation devant le juge d'instruction. Selon l'expression coutumière, nous étions déférés. Ils n'ont pas osé nous mettre les menottes. Un oubli involontaire ? Un moment de lucidité ? En tout cas, ça leur évitait d'avoir à enlever nos fers. De passer pour d'affreux tortionnaires. Nous étions conduits devant le juge, pas déférés. Qu'ils sachent que la torture n'est pas obligatoirement dans le port des menottes. Elle est psychologique. Ce n'est pas le coup qui fait mal. C'est l'attente du coup. La douleur physique peut être supportable. Imaginer la douleur est pire.

Ils nous ont chargés dans une voiture banalisée et conduits au tribunal. Ils ont cherché à éviter les journalistes. J'ai mieux compris pourquoi on ne nous avait pas mis les menottes. Direction le petit dépôt. Tout un symbole. La magnifique conciergerie du Palais de justice. À 200 mètres à vol d'oiseau du fameux quai des Orfèvres. Mais aujourd'hui, je ne suis pas le flic qui défère, je suis le mis en cause qui est présenté. Tout prend une dimension nouvelle. Je ne vais pas dans les bureaux feutrés ou les couloirs marbrés. Quand on est dans les étages : des lieux magnifiques, grandioses, mythiques.

Au sous-sol : la lie de la société, la misère humaine, des poivrots, des putes, des « sans papiers », des « toxs », des dealers, des grands, des petits, des noirs, des blancs, des sales, des habitués, des surpris. Rien n'a vraiment changé depuis Marie-Antoinette. Ça se mélange, ça se bouscule, ça s'interpelle, ça se moque, ça pleure, ça souffre. On voit que des travaux de rénovation ont été faits, que la couleur des murs est fraîche, et que les conduits d'aération ont été débouchés. Pourtant c'est sale et ça pue. Pour reprendre l'expression d'Albert Londres parlant du bagne à Cayenne : « C'est l'enfer au paradis. »

Ce n'est pas un petit dépôt, c'est une gare de triage. Un hall énorme. Un abattoir. Des hommes sans humanité, des femmes sans féminité. J'ai commencé ma carrière professionnelle à Paris. Je connais tous ces lieux. J'y ai conduit mes premiers gardés à vue. À l'époque, je n'avais pas ressenti ça, pas pris conscience de ce qui se jouait ici, pas eu la prégnance de cette sale réalité. J'ai revu défiler mes 25 ans de carrière et j'ai eu un haut-le-cœur. Tout ça pour ça. Une envie de chialer, comme un môme. De vomir aussi. Tout dégueuler les sushis de la veille offerts par mes potes de promo. Pour leur dire que je préfère la solidarité de mes amis à cette application restrictive et ridicule de la loi.

Ils nous ont fait asseoir sur un banc. Patienter. Le contrôleur de la gare de triage, une espèce de cerbère, mi-femme mi-fonctionnaire, derrière un hygiaphone sale, a hurlé : suivant ! Le commissaire de l'IGS m'a fait signe. Je me suis présenté derrière ce standard. Pas un sourire, pas un regard. Le stylo qui bouge nerveusement. Un râle qui sort de la bouche : « Nom ? » J'ai fait celui qui n'avait pas entendu.

« Pardon ? » Sans lever la tête, le râle a répété : « Votre nom ? » Même jeu : « Je ne suis pas certain d'avoir compris ? » Le stylo a arrêté de bouger. La tête du râle s'est redressée, m'a regardé et à travers le plexiglas sur lequel avaient craché tous les déférés de la matinée, elle a commencé à me voir. J'ai essayé de sourire. Le cerbère a compris : « Je peux avoir votre nom, s'il vous plaît ? » Je n'étais pas d'humeur badine. Pourtant je n'ai pas pu m'en empêcher : « GAVAT, commissaire GAVAT. Ça s'épelle G.A.V.A.T. Pour s'en souvenir c'est facile, c'est l'acronyme de Garde à Vue à Tahiti ! » Elle a haussé les épaules. A inscrit mon nom sur un registre plus impressionnant que la Bible et le Talmud réunis, et a aboyé : suivant !

Ils m'ont fait rasseoir sur le même banc. Encore patienter. Ils ont invité Aymeric à s'inscrire sur le registre du cerbère. Et là, il m'a surpris. Il patientait avec ses collègues de l'IGS en attendant que nos formalités administratives d'accueil soient terminées. Il est venu me saluer. Le commissaire de la police des polices qui m'avait entendu pendant la garde à vue. Il m'a tendu la main. Ce petit geste qu'il n'avait pas fait pendant les quatre jours que nous avions passés ensemble. Il le faisait maintenant. L'ambiance si particulière du petit dépôt ? La cigarette du condamné ? La tristesse de quitter un bon camarade de jeu ? Je ne sais pas si ses paroles étaient sincères, mais il m'a, il nous a souhaité bonne chance et bon courage. J'ai regardé ses doigts, mon regard est monté jusqu'à son visage. Je n'y ai lu aucune méchanceté. Mieux, un début d'humanité. Dans l'euphorie de notre séparation, je lui ai rendu sa poignée de main.

Ils nous ont quittés. Les bœufs sont partis brouter d'autres pâturages policiers. Je ne savais pas que j'allais bientôt les revoir. Dans des circonstances dont j'aurais préféré me passer. À la gare de triage, on s'occupait de nous. Au petit dépôt, tout est réglé comme du papier à musique. Compte tenu du nombre de gardes à vue prises chaque jour à Paris, il faut une organisation rigoureuse pour gérer tous les déférés. À tour de rôle, nous avons été soumis à la fouille à corps particulièrement infamante. Nous venions de rester quatre jours en garde à vue à la police des polices, mais on aurait pu piquer une agrafeuse, un rouleau de scotch ou un trombone à nos amis les bœufs, un nouvel examen complet de notre anatomie s'imposait. Nous avons décliné pour la 253e fois notre identité, vidé nos poches, enlevé nos lacets, nos ceintures et nos lunettes. De toute façon, cela faisait un moment que j'étais aveugle. Je ne voyais plus rien.

Juste une femme, commissaire de police, chef du petit dépôt. Fatalement, elle a appris notre présence dans ses murs et a tenu à venir nous saluer. Une poignée de main, qui sans machisme aucun, était virile. Un tutoiement qui réchauffe et un « bonne chance » vraiment sincère.

Ils ont respecté la procédure à la lettre. Pas de privilèges pour les policiers. Tous logés à la même enseigne. Celle de la geôle crade, sordide. La vieille porte en bois, épaisse de 10 cm avec trois serrures à l'ancienne. Trois pênes rentrant dans trois gâches. Trois raisons de ne pas se marrer. Sans parler des gardes-détenus, qui ne parlent pas. Des automates avec des clefs. La cellule éclairée par une petite ouverture rectangulaire garnie de barreaux de fer, légèrement en hauteur, qui n'éclaire pas. Ça m'arrangeait, ici, ils ne m'ont pas laissé les lunettes. Une ouverture rectangulaire de 20 cm carrés dans la porte. Elle-même munie de verrous extérieurs et d'un judas de fer permettant d'observer le prisonnier et de lui passer sa nourriture. Je n'avais pas faim. Le bœuf carottes m'avait foutu la nausée.

Égalité de traitement, fraternité avec les autres détenus. Sur les trois mots de la devise de la République que j'avais défendue pendant 25 ans, ils m'avaient enlevé le premier (mot) : la liberté !

Le gendarme est venu me chercher trois heures après. Mutualisation des moyens dans la gare de triage. Les policiers enregistrent, contrôlent, surveillent les entrants, quand les gendarmes conduisent et assurent la sécurité des individus au cabinet du juge ou en salle d'audience. Un policier m'a ouvert la porte. Un gendarme m'a demandé de le suivre, sans un mot. Je n'ai pas compris l'invitation. Je n'ai pas l'habitude de suivre le premier gendarme muet. Surtout quand il ressemble à Calimero, ce poussin avec une coquille d'œuf brisé sur la tête, qui répète tout le temps : « C'est vraiment trop injuste. » J'ai pensé qu'il compatissait. Non, il se taisait. Les consignes sûrement. Un gendarme reste un militaire. Jusqu'à la Conciergerie, « la grande muette » avait frappé.

Le policier surveillant m'a expliqué. Le muet en uniforme était mon guide. Il me conduisait au cabinet du juge. La longue traversée a commencé. D'habitude, elle se fait enferré. Calimero respectait les ordres : pas de menottes pour les policiers en cause dans l'affaire Neyret. Le début de la liberté ? Il a suivi des couloirs qui n'en finissaient pas. Certains éclairés, d'autres très sombres. Des corridors couverts de poussière. Des escaliers en marbre parfois, des marches en bois souvent. Des passages souterrains, des portes à franchir, et d'autres couloirs à découvrir. Je m'étais trompé, la conciergerie n'est pas un hall d'abattoirs, ni même une gare de triage, c'est un labyrinthe. Dédale cherchant à perdre le Minotaure. C'est le début du supplice. Entre le petit dépôt et le couloir du cabinet du juge : 15 minutes de marche. Presque autant que pour monter à la Bastille à Grenoble. Il y a certainement de meilleures comparaisons que la Bastille.

J'ai mieux compris l'utilité du gendarme muet. À la fin de sa carrière militaire, Calimero pourra se recycler en guide touristique des sous-sols parisiens. Nous avons croisé d'autres militaires enchaînés à de pauvres hères, faisant le chemin en sens inverse. Leurs têtes en disaient long. À les regarder, on comprenait s'ils étaient remis en liberté ou partaient au « violon ». Calimero n'a pas échangé un mot avec ses collègues. À peine un regard. J'ai tenté une demande d'explications. Aucune réponse. Ce n'était pas Calimero, c'était Bernardo. Le serviteur muet du chevalier masqué. Mais je n'étais pas Zorro. Juste un homme cherchant à savoir ce qui l'attendait au bout de cette marche souterraine dans le palais de justice. Elle n'en finissait pas.

Un sourire. Un visage connu. Il est là. Il est venu. Il a quitté son cabinet lyonnais. Il m'attend, au bout de ce couloir sans fin. Mon ami, mon maître : mon avocat. Derrière ses lunettes se lit l'angoisse. Il m'a demandé pourquoi je ne l'avais pas fait appeler pendant la garde à vue. À quoi bon ? Faire usage du droit au silence ou appeler son avocat pour qu'il soit présent pendant les interrogatoires, c'était laisser croire aux bœuf-carottes que j'avais quelque chose à me reprocher ! Le flic en garde à vue faisant suite aux droits qu'autorise la loi à toute personne retenue contre son gré, est, lui, déjà considéré comme coupable, puisqu'il se comporte comme un voyou !

Il m'a expliqué son angoisse et celle de mes proches. Ils étaient passés par lui pour savoir ce qui se tramait. Ils voulaient savoir comment j'allais, les bœufs ont fait la sourde oreille à leurs demandes répétées. La loi, rien que la loi. Jusque dans son absurdité ! Même à lui, ils n'ont rien voulu dire. Tous craignaient le pire. Mais en ayant enfin accès à la procédure, il a compris : les bœuf-carottes ne lui avaient rien dit, parce qu'il n'y avait rien dans la procédure. Rien à dire. Il m'a expliqué : « Quand j'ai vu qu'ils te gardaient pendant quatre jours, j'ai cru qu'ils avaient des tas d'éléments contre toi. En lisant la procédure, j'ai vu qu'il n'y avait rien. Je n'ai pas compris, mais j'ai été rassuré. »

Il n'était pas venu seul. Il était accompagné d'un de ses amis avocat pénaliste, Emmanuel. Il a calmé notre excès de confiance. « Christophe, nous ne sommes pas dans un dossier normal. Dans un dossier normal, vous auriez à peine été placé en garde à vue ! Encore moins en prolongation. Pendant les quatre jours de votre garde à vue, la presse s'est déchaînée. Une déferlante médiatique. Certains tenaient visiblement à ce que cette affaire fasse la une. La seule question est : pourquoi ? » Il a continué : « Pour l'instant, le plus important, c'est de vous faire sortir de là. On risque la détention ! » Je me suis effondré : la détention ? Pour deux écoutes téléphoniques dont j'avais fourni dès la première journée de ma garde à vue toutes les explications ? Il a répété : « Nous ne sommes pas dans un dossier normal ! »

Emmanuel et Renaud m'ont fait asseoir dans une petite pièce en face du bureau du juge. Une sorte de box, avec trois chaises et une table. On attendait les réquisitions du procureur de la République pour savoir ce qu'il demandait : détention ou remise en liberté. Renaud m'a donné des nouvelles de mes enfants. « Ils vont bien, Vladimir a éclaté de rire quand on lui a appris que t'étais mis en cause dans une affaire. Il a dit : « Mon père, un ripou ! N'importe quoi ? Il est incapable de brûler un feu rouge ! » J'ai souri. Il faut toujours qu'il exagère, mon fils. On dirait son père. J'ai effacé une larme qui apparaissait.

Un homme, moins de 30 ans, s'est avancé dans le couloir. Le substitut du procureur de la République. Forcément très compétent. Une fois encore j'ai tremblé. Mon sort dépendait, entre autre, de la volonté d'un jeune magistrat. Je n'osais croire que sur un dossier aussi sensible on laisse un jeune juge monter au créneau seul pour faire des réquisitions dont dépendait le sort de policiers expérimentés. Poliment, mon avocat lui a demandé ses réquisitions. Il les lui a données. Emmanuel, de l'autre côté de la salle, m'a regardé. Au vu de mon air inquiet, il a levé son pouce en l'air, me laissant entendre que la détention n'était pas requise. J'ai soufflé. La liberté : j'ai compris qu'à la fin de cette journée, je la retrouverai. Mais sous quelles conditions ?

Le juge d'instruction est venu me chercher lui-même. Il nous a fait entrer, mes avocats et moi, dans son cabinet. Un vieux local du palais de justice. Sa table de travail vide de tout document. Derrière lui et sur l'ensemble des murs, posées comme une mauvaise mosaïque, des vieilles affiches de cinéma. Pas celles de « 36 » ou de « Gangsters ». Non plutôt des films des années 1950 ou 1960. Au format 21/29,7 cm, pas au format « publicité d'abribus ». Je n'ai pas réussi à retenir les titres. La fatigue, certainement. J'ai juste constaté que, décidément, nous n'avions pas les mêmes goûts, monsieur le juge et moi.

À sa droite, perpendiculaire à son bureau, celui de son greffier. Un homme caché derrière son ordinateur et des dossiers. En prenant le temps d'une longue réflexion, augmentant d'autant le temps qui me séparait de la liberté, le juge a dicté avec gravité et le greffier a tapé avec célérité ses décisions si mûrement réfléchies. Il y avait quelque chose de surréaliste dans cette scène. Le juge seul derrière son grand bureau vide, à sa droite son greffier, encombré de dossiers, derrière l'écran, mes deux avocats dans leurs belles robes noires qui m'encadraient, face au juge, et ces petites affiches d'un cinéma d'un autre temps qui nous regardaient. Une façon comme une autre de nous rappeler que tout ceci n'était qu'une vaste comédie, dont on ne se souviendrait pas dans 10, 15 ou 150 ans.

Il a croisé ses mains sur son grand bureau vide, m'a fixé droit dans les yeux. J'ai soutenu son regard. Une tentative d'intimidation comme dans les cours d'école. De toute façon, à cet instant il était fatalement le plus fort : il décidait de mon sort. C'est toujours plus facile de jouer, quand on est sûr de gagner. À quoi bon en rajouter ? Il ne s'en est pas privé. Il m'a mis en examen pour trafic de stupéfiants (acquisition, détention, transport, offre ou cession de produits stupéfiants), détournement de scellés, vols en réunion, et association de malfaiteurs en vue de la commission des délits susvisés.

Pour deux appels téléphoniques…

À ce stade, quand on aime, on ne compte pas. Je n'ai même pas été étonné… Tout cela commençait à n'avoir aucun sens. Si vraiment j'avais été l'auteur de toutes ces infractions, j'aurais mérité la prison, direct. Sans passer par la case départ, sans toucher les 20 000 ! Mais on n'était pas au Monopoly. On était dans la vraie vie. J'ai eu quand même un peu de mal à réaliser que dans son esprit les malfaiteurs avec qui j'étais associé étaient mon adjoint, commandant de police et Michel Neyret, commissaire divisionnaire. Autrement dit : la hiérarchie policière. On ne peut se fier à personne.

Deux appels téléphoniques, quatre infractions. Particulièrement lourdes et graves. Pas mal pour une première mise en examen. La gravité de ces infractions lui permettait, en outre, de m'imposer un contrôle judiciaire particulièrement sévère. Il préconisait comme interdictions : ne pas fréquenter les fonctionnaires de la police judiciaire de Lyon et de Grenoble, ne pas sortir du département de l'Isère, ne pas exercer mon travail, et comme obligations : aller signer un acte de présence une fois par semaine au groupement de gendarmerie de l'Isère. Les policiers, non, les gendarmes, oui ! Uniquement ceux de l'Isère.

Fonctionnaire de police depuis 25 ans, trois enfants à charge, issu d'une famille nombreuse lyonnaise, des parents âgés… dans un dossier où je crie mon innocence, évidemment que j'allais essayer de m'enfuir loin de Grenoble et de sa fameuse cuvette ! Il fallait que mes amis gendarmes s'assurent de ma présence.

Ce n'étaient plus des actes d'instruction, c'étaient des actes d'humiliation. Le premier avait eu lieu pendant la garde à vue. Nous faire pisser dans un bocal et nous faire couper des touffes de cheveux pour vérifier si on était drogués ! Il aurait pu tout aussi bien nous demander un prélèvement de salive, ou un don de sperme… À tout prix trouver quelque chose contre nous. Une instruction à charge.

Je croyais que l'information judiciaire était une enquête également à décharge. Il n'en était rien. M'interdire d'exercer ma profession était déjà une condamnation. Elle n'est en rien comparable à une décision de détention. Mais elle m'a permis de mesurer tout le pouvoir qu'on laisse entre les mains d'un homme, pour décider du sort d'autres hommes. À compter de cet instant et jusqu'à aujourd'hui, le juge d'instruction devenait le marionnettiste de ma vie. En écrivant ce livre, je me transforme en Pinocchio. Je reprends un peu chair. Et mon nez ne s'est toujours pas allongé.

Instant froid, précis, rigoureux dont l'utilité m'a échappé. Il n'a même pas pris le temps de m'interroger sur le fond. J'avais passé 96 heures en garde à vue sur ses instructions, et il ne souhaitait pas entendre en direct, sans le truchement des bœuf-carottes, mes déclarations. Sa décision était déjà prise, sa conviction faite : j'étais coupable. Il s'est contenté, avec beaucoup d'habitude et de certitude et presqu'une forme de jouissance, de me notifier ma mise en examen et son contrôle judiciaire inique. Je dois reconnaître qu'à cet instant, après ces quatre jours de détention, ce n'était pas mon principal souci. Je n'avais qu'un seul objectif : retrouver les bras de mes enfants.

Mon avocat lui a fait part de son étonnement au sujet de cette durée excessive de garde à vue pour seulement quatre heures d'audition. La réponse est tombée, sèche, sans état d'âme. Il y avait beaucoup d'autres gardés à vue dans ce dossier, il fallait prendre le temps de s'occuper de chacun. À s'occuper de tout le monde, on ne s'occupe de personne. Sans aucune humilité, j'ai fait remarquer au juge qu'au cours de ma carrière, j'avais vécu à peu près tout ce qu'un flic peut traverser : les coups de feu sur la voie publique, le malfaiteur qui s'écroule, le suicide de collègues, celui d'un mis en examen en prison, l'arrestation de braqueurs, de voleurs, de violeurs…, la seule chose qu'à ce jour je n'avais pas traversée dans ma carrière : ma propre garde à vue. C'était fait. La boucle bouclée.

Il m'a juste répondu. « J'espère que vous croyez à la justice de votre pays . »

Au cours de ces 96 heures de garde à vue, j'avais perdu la réponse.

Il s'est levé. Mes avocats aussi. J'étais sidéré. Fini, c'était fini. Libre. Enfin, pas totalement. La garde à vue et la mise en examen, seulement. Il y avait les interdictions et les obligations du contrôle judiciaire. Le juge a fait des petits pas derrière son grand bureau, nous signifiant que nous pouvions sortir. Je me suis levé. Je savais qu'il n'était pas un adepte de la courtoisie, pourtant je n'ai pas pu m'en empêcher : je ne lui ai pas laissé le choix, je lui ai serré la main. On ne se refait pas. Vingt ans d'éducation judéo-chrétienne. Je pense même qu'à cet instant, je lui ai pardonné toutes ses erreurs. Furtivement.

Calimero, le gendarme muet, est venu me chercher. Il fallait quand même repasser par la souricière, récupérer mes affaires, et sortir de l'abattoir. Signer deux documents au cerbère mi-fonctionnaire mi-femme, et respirer l'air libre. En sortant du cabinet du juge, au bout du couloir, se trouvaient des collègues de la police judiciaire de Lyon. Ma chère Marianne, avec qui nous avions monté une petite pièce de théâtre pendant notre scolarité de commissaires de police. Ils avaient fait le déplacement pour nous soutenir. J'ai voulu les remercier en les serrant dans mes bras. Mes avocats m'ont arrêté. « Christophe, ton contrôle judiciaire t'interdit de leur parler ! ». Les limites de ma liberté commençaient.

Quai de l'Horloge, je marche. Je fais plus de trois mètres les uns derrière les autres. Aucun mur ne m'empêche d'avancer. La joie qui m'envahit à cet instant est indicible. Tout est relatif, je n'ai fait que quatre jours d'emprisonnement. J'imagine l'ivresse quand on sort au bout de dix ans ! Une ombre, Michel est placé en détention provisoire. Je n'en reviens pas. Je ne comprends pas, et ne comprendrai jamais cet acharnement. Michel, à cet instant, j'ai encore une pensée pour toi.

La première bière avec mes avocats, à cinquante mètres du palais de justice, cette monstruosité magnifique. Le ronronnement du liquide à peine perceptible quand elle coule en pression, les perles de froid sur le verre, l'onctuosité de la mousse, l'amertume de la saveur, juste la regarder. Profiter. La première gorgée. La savourer dans la bouche, avant de la laisser glisser, doucement, lentement. La sentir descendre en soi, envahir son corps, prendre possession de son être. Fermer les yeux, et respirer profondément. Ne rien dire. Juste boire.

Allumer son portable, et découvrir la surprise. La messagerie est pleine. Des trésors. Je les ai notés, conservés. Enregistrés à tout jamais sur mon disque dur interne, ma mémoire. Des messages vocaux, des textos, des « mms », des appels en absence, en pagaille, en fleurs, en bouquet. La joie de mes enfants, l'élégance de mon amoureuse, les larmes de maman, l'émotion de mon père, l'humour de mes frères, le sourire de mes sœurs, la confiance de mes amis d'hier, d'aujourd'hui et de demain, la solidarité de mes collègues, l'ironie de mon pote fiché au grand banditisme. Incapable de les classer, de les trier, je n'arrive même pas à les écouter tellement je pleure.

Depuis quelques heures, je n'ai jamais autant pleuré. La garde à vue a réveillé les émotions que mon métier m'avait forcé à enfouir au fond de moi. Merci, monsieur le juge, de m'avoir fait redécouvrir la joie des larmes.

Un seul message pour résumer l'ensemble. Celui de mon petit frère. Juste un an de moins que moi. Nous avons tout partagé pendant l'adolescence. J'ai eu la gentillesse de l'attendre pour passer le bac. Notre frère aîné avait eu cette délicatesse avec moi en classe de seconde, je ne pouvais faillir à la tradition familiale. Nous étions en terminale en même temps. La vie nous a parfois séparés, mais nous sommes toujours restés unis. Nous ne sommes pas des grands expansifs. Nous croyons plus à la force de la présence qu'à celle des effusions. Il habite Paris. Quand il a appris que j'étais sorti de garde à vue, et malgré ses lourdes responsabilités professionnelles, il s'est débrouillé pour venir me voir. Il s'est moqué de moi. M'a gentiment bousculé. Il était hagard, un peu abasourdi. Je n'arrêtais pas de parler, de lui raconter ce que je venais de vivre. Je ne l'ai pas beaucoup écouté.

Dans le train me reconduisant en grande vitesse à Lyon, il m'a envoyé ces quelques mots : « Depuis la naissance de mes enfants, c'est le plus beau jour de ma vie ! »

Et j'ai encore fondu en larmes. C'était effectivement le premier jour du reste de ma vie. Merci Titou.

Renaud

10 janvier 2009 – Lyon

Claquer la portière, reculer le siège en cuir. La voiture de Renaud a toujours été un refuge. Un bureau sans contrainte, un salon où l'on cause. Avec autorisation de fumer et possibilité d'apporter sa bouteille. Un refuge de luxe. Chacun sa place, lui au volant, et moi aux commandes de la musique. Cette soirée d'hiver, on avait refermé les portes de sa berline stationnée dans le jardin. Les mains gelées sur nos coupes de champagne. En ce mois de janvier, nous n'en finissions pas de nous souhaiter les bons vœux et de refaire les débats sur la réforme de la garde à vue. Renaud et moi, nous avons partagé le lycée. Des années qui façonnent, des soirées qui font grandir et des chemins à prendre au bout du couloir.

On a fait notre apprentissage de la vie ensemble, entre Saône et Rhône. On a chanté « Sweet Dreams » d'Eurythmics, la mèche longue, pour se donner un genre. On a joué *Nuit d'ivresse* de Josiane Balasko, sur les planches amateurs, la trouille au ventre. On a trinqué à notre avenir, souvent, et vomi nos whisky, parfois. Et puis je suis devenu flic, lui, avocat. Notre histoire aurait pu inspirer un beau scénario pour une série télé de l'après-midi. Je l'imagine grimper les marches du palais, au ralenti, avec sa robe et ses dossiers sous le bras. Forcément, j'aurais pris le rôle du beau gosse impertinent et lui celui de la force tranquille. Notre amitié aurait pu se perdre dans les codes de procédure ou dans ceux de notre vie de famille. Mais elle est restée solide.

« Un avocat pendant les auditions, ça va être un joyeux bordel. Et ne dis pas le contraire, Renaud. » J'ai calé la bouteille à mes pieds et déjà les volutes de fumée envahissaient l'habitacle. Les mains sur le volant, il faisait rouler le cigare entre ses doigts. « Arrête tes conneries, tu sais bien que la garde à vue "nouvelle formule" est bien plus restrictive que l'ancienne. Et puis tu ne vas pas me faire le coup du lobby des avocats. Pas toi, quand même. Bon, on va faire tourner un peu le moteur, ça caille. Mon cigare devrait être autorisé à l'intérieur en janvier. Une sorte de trêve hivernale, non ? Franchement, t'as pas autre chose que Barbara, parce que là… »

Notre bureau n'a pas toujours eu des sièges en cuir. Mais même sa vieille 205 blanche, râpée sur l'aile droite, avait ce pouvoir de m'apaiser. Lorsque j'avais l'impression de nager à contre-courant, épuisé, je claquais la portière. Avec Renaud au volant, on avalait des kilomètres sans démarrer. Sa 205 a vu défiler nos premiers pas dans la vie active, nos doutes et nos certitudes. Surtout nos certitudes. Alors elles ont beau monter en gamme, passer les contrôles techniques, changer de propriétaire, les bagnoles de Renaud sentiront toujours ma jeunesse. Et le parfum de mon pote. Ma consolation, ma madeleine. Lovés dans nos souvenirs et nos idéaux, le coude à la portière, côte à côte. On est devenus père et parrain. On a pris un peu de bide, mais nos discussions n'en sont pas moins enflammées. Les femmes, la procédure pénale, les tirades de Cyrano ou mes goûts musicaux : les sujets ne manquent jamais.

« Pink Floyd, ça te va ? », lui demandais-je en farfouillant ses tas de journaux sur la banquette arrière. « Ben tiens, lis l'article dans *Le Monde*. Ça reste complexe à appliquer, pour les avocats comme pour les flics. » « Complexe peut-être mais nous, ça va nous plomber nos auditions. Le droit au silence, les délais de carence, on bosse comment ? » « Pourquoi, t'as peur qu'un avocat perturbe ton boulot ? Vous avez des trucs à vous reprocher ou quoi ? »

On aime ça, le concours de mauvaise foi. On le provoque, on l'attise, on trouve les bons arguments. On est hyper entraînés. Et ça peut durer une bonne partie de la nuit. On peut parler comme ça jusqu'à la lie. J'ai vidé la bouteille dans les deux coupes et monté le son. « Did you hear the falling bombs ? The flames are all gone, but the pain lingers on/ Goodbye blue sky ».

« C'est quand même pas très gai, Pink Floyd… Je me demande si je préfère pas Barbara. »

« Ah, c'est sûr, on est loin de la lambada. »

« T'es con, allez, on rentre. Il fait trop froid. »

Deux nuits depuis ma mise en examen. Je ne compte pas les jours. Je n'ai pas le temps. Je reçois des appels téléphoniques et des messages de tous mes proches, et même de mes lointains. Des personnes que je n'ai pas vues depuis dix ans. Ils se débrouillent pour me joindre et m'apporter tout leur soutien. Des amis de mon couple, après notre séparation, sont restés plus proches d'elle que de moi, pourtant ils n'hésitent pas à reprendre contact. Ils ne savent pas exactement ce que j'ai fait, mais ils me connaissent et tous s'insurgent contre ce qui leur apparaît comme une injustice flagrante et une déferlante médiatique disproportionnée et racoleuse.

Le jour, je n'ai pas le temps de penser, occupé à leur répondre. La nuit, mon petit vélo cérébral tourne à plein régime. Je suis maillot jaune de la réflexion nocturne. Je révise mon code de procédure pénale pour essayer de comprendre ce qui a conduit à ma garde à vue. J'ai laissé de côté les questions de géographie du concours. À cet instant, on s'en fout de savoir où le Nil prend sa source. J'essaye de sourire, était-il nécessaire de connaître ce détail géographique pour finir commissaire de police en cellule ? La thérapie médicamenteuse ne fait même pas effet. Les produits chimiques censés m'endormir électrisent mon esprit et alimentent mes réflexions.

Depuis 48 heures j'essaie de me remettre des émotions de la garde à vue. Je n'arrive pas encore à refaire surface. On a beau prétendre avoir un grand sens de l'humour, il arrive qu'on ait du mal à mettre la distance nécessaire entre soi et l'événement, pour en rire. Ce n'est pas tout de porter en étendard l'affirmation de Romain Gary selon laquelle « l'humour est une déclaration de dignité, une affirmation de la supériorité de l'homme sur ce qui lui arrive », encore faut-il toujours croire qu'on est plus fort que l'événement subi ! Aujourd'hui, j'en doute. Je deviens non-croyant, agnostique de l'humour. J'ai l'impression très désagréable d'être un nageur qui voit la rive mais se sent irrésistiblement attiré par le fond. D'autant que gentiment mais sûrement on va encore m'appuyer sur la tête.

Il est huit heures du matin ce 6 octobre 2011. Je traîne dans mon lit. Le contrôle judiciaire édicté par le juge m'interdit d'exercer ma profession. J'essaie de voir le bon côté : merci monsieur le juge, enfin un peu de repos ! Plus d'appels téléphoniques de permanence, pas de constatation sur des macchabées, pas d'affaires de flingage où se rendre en urgence. J'en profite. J'essaye. Les yeux rougis par le manque de sommeil. L'estomac noué.

Je mesure toutes les conséquences d'une telle interdiction. La première et non des moindres : l'administration n'aura pas d'autre choix que de me suspendre. La seconde, je ne serai plus le chef de l'antenne de police judiciaire de Grenoble. C'est l'enchaînement, non seulement je ne toucherai plus mon salaire, mais je ne pourrai plus bénéficier de la concession de logement permettant de louer mon appartement, lié de droit à ma fonction. En outre, le contrôle judiciaire m'interdit de sortir du département de l'Isère. Comment vais-je faire ?

Plus de salaire, plus d'appartement, impossibilité de sortir du département. Sans domicile fixe. Je suis SDF avec obligation de ne pas quitter Grenoble !

Hier chef d'un service de police, aujourd'hui plus rien. Marqué au fer rouge sous le sceau de l'infamie relayée sans relâche par les médias qui n'hésitent pas à titrer : « Les chefs grenoblois tombent à leur tour ! » Que veut dire ce titre ? Mon adjoint et moi-même nous ne sommes pas « tombés ». Nous avons subi une garde à vue, certes exagérément longue, nous avons été mis en examen, certes pour des infractions étonnamment graves pour des policiers, mais nous n'avons pas été encore jugés et encore moins condamnés. Conformément à la loi, nous sommes innocents. Encore debout ! Ce raccourci journalistique synthétique et percutant est pathétique et insultant. Il résume bien l'état d'esprit ambiant : l'interdiction d'exercer notre profession est déjà une condamnation ! Alors même que l'affaire ne fait que commencer. Elle est où, la présomption d'innocence ?

Je rumine toutes ces questions. Le téléphone sonne. Je décroche. Une voix d'homme que je ne connais pas. Enfin si, mais ce n'est pas un proche. « Monsieur Gavat ? » Cette voix… Mon cœur s'emballe, et ce n'est pas une réaction amoureuse. Cette voix est inquiétante, annonciatrice de mauvaises nouvelles. Je la reconnais. Celle du commissaire qui m'a auditionné pendant toute la garde à vue. Pardon, qui m'a interrogé en tout et pour tout quatre heures, sur les 96 heures qu'a duré ma retenue judiciaire. Il est matinal. « Monsieur Gavat, nous sommes à votre bureau… » Il continue de me vouvoyer, comme pendant la garde à vue, contrairement à l'usage professionnel qui veut qu'entre collègues du même grade, on se tutoie. Il a raison, nous ne faisons pas partie de la même équipe. « Nous sommes à votre bureau pour y effectuer une perquisition. » Je tombe des nues. Une perquise ? À mon bureau ? Et alors, ils n'ont pas eu le temps de la faire pendant les 96 heures de la garde à vue où ils ne se sont pas occupés de moi ? « Et nous avons besoin de votre présence… » Je réfléchis, vite. Je tente de faire le malin. « Mon contrôle judiciaire m'interdit de me rendre à l'hôtel de police. » Il a prévu cette question, me donne sans hésiter la réponse : « Le juge vous autorise à venir pour cet acte, sinon, nous prendrons deux témoins. » Je suis furieux. Contre eux, contre le juge, contre la police, contre tous. Furieux et dépité. Pourquoi cet acharnement ? « J'appelle mon avocat et vous tiens au courant. »

En pleurs, je contacte mon ami maître Renaud R. Nous avons fréquenté les mêmes planches de théâtre amateur. Il m'a couvert quand je faisais le mur. J'ai improvisé sur scène pour le sauver de ses trous de mémoire. Il m'a mis des raclées au squash et je me suis vengé au ping-pong. Il m'a reçu des heures et des nuits à l'époque où je préparais le concours de commissaire pour me donner des cours de droit. Il sait l'importance de mon métier. Il a été le premier au courant de ma possible garde à vue. Il était présent au bout du couloir sans fin du palais de justice avant la présentation devant le juge. Toujours là.

« Renaud, ils veulent faire une perquise dans mon bureau. Pourquoi ? Ils veulent me tuer ? Ils souhaitent ma mort professionnelle ? » Trop, c'est trop. Pourquoi faire une perquisition deux jours après la garde à vue ?

C'est contraire à toute procédure normale. Ce n'est pas interdit, ni même illégal, c'est juste incompréhensible dans le déroulement classique d'une enquête. Tout bon policier en service d'investigations le sait. Une perquisition se fait pendant la garde à vue, pas après. La justification de l'éloignement ne tient pas. Quand on a 96 heures devant soi, on a largement le temps de faire un aller-retour Paris-Grenoble. 12 heures au maximum. Moins avec un gyrophare et une sirène. Cette perquisition est la démonstration d'une volonté de nuisance. Une procédure traitée à charge. Uniquement. Incroyable. Les bœuf-carottes font l'enquête après la garde à vue, pas avant. C'est contraire à l'évolution du droit. Arrêter quelqu'un et voir après ce qu'on peut lui reprocher. Du grand n'importe quoi. Le retour aux lettres de cachet. Quand on est bœuf…

Ils n'ont rien trouvé contre nous pendant la garde à vue. Ils recherchent les preuves dans nos bureaux, 48 heures après qu'on soit sortis des leurs. Des preuves de quoi ? De notre fréquentation des voyous ? Des fontaines de cocaïne ? Des matelas de billets ? Des kilos de munitions ? Des lances-roquettes ? Des flingues de concours ? Des putes à quatre pattes sous le bureau ? Ils organisent en urgence, donc en catastrophe, une perquisition. Pourquoi cet amateurisme ? Pourquoi ne pas en faire une à mon domicile ? Si je devais cacher quelque chose, ce n'est pas à mon bureau, toujours ouvert, que je le ferais. Mais, compte tenu de la portée médiatique de cette affaire, ils ne peuvent pas ignorer que les journalistes vont se précipiter. Donner du poids et de la crédibilité à leur action.

Mon avocat, lucide, me conseille de me rendre à cette perquisition. « Vas-y. Il vaut mieux que tu sois présent ! »

Il rajoute : « J'arrive ». Je ne comprends pas. « Comment ça ? Mais ton cabinet ? » D'un ton ne supportant pas la contradiction il me répond : « Lyon-Grenoble : une heure. Je ne te laisse pas dans cet état. J'arrive. » J'essuie mes larmes. L'amitié comme mouchoir. Je prends la route de l'hôtel de police.

J'essaye de retrouver de l'allure. Je boirai la potion jusqu'à la lie, mais avec dignité. Pour reprendre un vieux slogan publicitaire : « L'élégance est dans le match ». Je vais me battre. Le combat ne fait que commencer. Mes enfants, mes parents et mes amis croient en moi. Si j'avais un nœud papillon rose, je le mettrais. Tout n'est pas perdu. L'ironie n'est pas loin de l'humour. Je vais peut-être retrouver la foi. Arrivé à l'hôtel de police de Grenoble, mon cœur bat plus fort. Les regards des gardiens et du personnel de l'accueil se posent sur moi. Ils savent. Ils compatissent. Je les salue d'un signe de tête. Du monde dans le hall, pas très envie de m'attarder et d'expliquer. Des mains solidaires se tendent. Je prends l'ascenseur, direction les locaux de la PJ. J'avale une grande bouffée d'air. Sors ma carte magnétique toujours en ma possession pour passer le sas sécurisé. Et entre. Il fait froid. Pas uniquement à cause du temps. Je passe par le secrétariat. Juste le temps de saluer le personnel administratif. Des collègues viennent à moi, timidement mais chaleureusement, il me saluent. Un vrai pincement au cœur. Je murmure que le contrôle judiciaire m'interdit d'être en relation avec eux. « Ils vont quand même pas nous empêcher de vous saluer, patron ? »

Un inconnu sort de mon bureau, certainement un bœuf-carotte. « Monsieur Gavat, on vous attend... » L'image est choquante. Mon intimité violée par la police des polices. Je rentre dans ce qui fut mon antre pendant un an.

Mes photos, mes souvenirs, mes bibelots, mon univers. Je ne le reconnais déjà plus. Le commissaire qui m'avait auditionné pendant la garde à vue est présent. Vissé à la chaise, fidèle à sa courtoisie légendaire, il ne se lève pas et ne me serre pas la main. Ça tombe bien, la mienne est coincée au fond de ma poche. Il m'annonce, de ce ton froid et rigoureux que seuls les vrais administratifs possèdent, qu'ils agissent dans le cadre d'une commission rogatoire délivrée par le juge d'instruction en charge du dossier, qui leur a demandé de procéder à une perquisition de nos bureaux. Je connais les formules procédurales par cœur. Ça fait 23 ans que je les pratique. Je me tais et les laisse faire. Il ne nous sera rien épargné. Si, la prison. Michel, j'ai une pensée pour toi à ce moment.

L'opération commence. Le commissaire daigne se lever pour se poser directement dans mon fauteuil de bureau. Ma place. Il est assis à ma place. Il ouvre les tiroirs de mon bureau. Fouille dans mes dossiers professionnels et personnels. Allume mon ordinateur, consulte mes mails. Des détails a priori insignifiants. Mais l'image de cet homme, qui aurait pu être un collègue en temps normal, en train de lire mes courriels, d'ouvrir mes dossiers sur mon ordinateur, de tout découvrir de ma vie, me donne encore envie de vomir. Je ne suis pas entré dans la police pour qu'on vienne insulter de cette façon mon intimité, même professionnelle. J'ai opéré des centaines de perquisitions. Je me suis retrouvé dans la position de ce flic, en train de fouiller dans la vie des gens. Les tiroirs remplis de choses secrètes. De la lingerie fine aux sextoys. Des vieilles photos aux relevés de banque. Comme la porte de la geôle se refermant sur moi, jamais je n'aurais imaginé qu'à mon tour je passerais à travers le tamis d'une enquête policière. L'arroseur arrosé. Je réalise encore davantage la violence de tous ces actes, particulièrement quand on n'est pas un habitué de la mécanique judiciaire.

La perquisition se poursuit. Le commissaire ne se lasse pas de lire ma prose Internet. Il ne m'adresse pas la parole. De toute façon, je suis muet. Je joue avec mon portable. Envoie des textos à mon avocat. Lui décris la scène se déroulant devant moi. Mon téléphone sonne. Je décroche. « Bonjour, je suis le commissaire Abagado de l'IGPN, je t'appelle pour prendre rendez-vous. » Je souris. Éric Abagado et sa femme sont des amis très chers. Il appelle certainement pour me remonter le moral, et fait une petite blague, au goût douteux. « Arrête Éric, c'est pas le moment. Je suis vraiment avec les bœuf-carottes, ils perquisitionnent mon bureau. » « Pardon ? Je ne suis pas Éric, mais Vincent. Commissaire Vincent Abagado de l'IGPN (Inspection générale de la police nationale) de Lyon, je t'appelle pour te notifier ta suspension administrative. » Il me faut au moins deux minutes pour comprendre le quiproquo. Je n'en reviens pas. Abagado n'est pas un nom si commun. Mes amis portent le même que celui d'un commissaire de la police des polices de Lyon. Il est chargé de la procédure administrative faisant suite à ma mise en examen et doit me notifier ma suspension, quand l'IGS (l'inspection générale des services, police des polices de Paris) est chargée de l'enquête judiciaire. Il n'est même pas au courant que ses collègues parisiens sont en train d'effectuer une perquisition dans les bureaux de la PJ de Grenoble. Belle coordination des services ! On sombre dans le parano, le culte du secret confinant à la bêtise. Je m'excuse, lui explique le quiproquo. Au moins, il reste humain, n'hésite pas à user du tutoiement. Puisque je ne peux pas quitter l'Isère, je lui donne rendez-vous à mon domicile. C'est ma journée. Perquisition, suspension… j'ai connu des rimes en « ion » plus sympathiques !

Un autre flic de l'IGS, approximativement de mon âge, entre dans mon bureau. Il s'adresse au commissaire lecteur de ma prose informatique. « Patron, j'ai fini à côté, je peux vous aider ici ? » À son tour, il se met à fouiller dans mon placard mural. Je ne sais même pas ce que j'ai pu y laisser traîner. Une ou deux vieilles paires de pompes, mon uniforme de cérémonie, une parka d'hiver, je n'en sais rien et je m'en fous. Le flic m'adresse la parole. « Alors comme ça vous êtes passé à la première ? » Mes yeux interrogateurs doivent lui renvoyer mon incompréhension. « La première DPJ (Division de police judiciaire), dans vos auditions vous avez dit que vous avez été affecté à la première DPJ ? ». Je confirme. « Vous étiez dans quel service, exactement ? J'y étais en 92 et je n'ai pas le souvenir de vous y avoir croisé ? » Je lui précise que j'étais affecté au commissariat de la porte Dauphine. « Ah, oui, c'est ça, vous n'étiez "qu'en" commissariat ! »

Je n'en reviens pas. Quelle suffisance gratuite. Il fait le beau, parce qu'il est en position de force, en train de perquisitionner mon bureau. Il croit que ça l'autorise à tout. À avoir ce petit air supérieur de celui qui est resté officier et n'est pas devenu commissaire, certes, mais qui est passé dans un service « prestigieux » quand il était à la première (crime ou stups) et qui aujourd'hui n'est pas mis en examen dans une affaire de merde. Lui ! Je suis certain que si j'avais croisé ce flicaillon suffisant avant la garde à vue, il m'aurait parlé sur un autre ton. Je préfère l'oublier. Le silence en bandoulière, je porte mon mépris. Je sais ce que j'ai vécu à la première.

La perquisition se termine. Le commissaire dicte à son scribe le procès-verbal. Il s'est assis de nouveau à la table de réunion. Jambes croisées, regard dans le vide, il énumère avec hauteur et précision le texte qui doit être rédigé sur l'acte judiciaire. Je ne dis rien. Mais j'ai noté un détail. Je laisse faire. L'humiliation n'est pas terminée, ils récupèrent mon ordinateur pour le saisir et le placer sous scellés. J'ai tout dans cet ordinateur. Des textes, des lettres, des mails, des courriers aux impôts, à mon banquier, à mon amoureuse, et des photos. J'aurais dû tout sauvegarder. On n'a jamais fini d'apprendre. C'est trop tard, mon ordinateur, mes archives et mes souvenirs seront envoyés ultérieurement à un expert pour découvrir si je n'ai pas caché des choses dans je ne sais quel recoin du disque dur. Moi qui suis de la génération machine à écrire « Olympia », et qui ai encore du mal à comprendre tous les secrets de l'informatique… Je ferme les yeux, souffle. Hâte que ça se termine. Je ne supporte plus les personnes présentes dans ce bureau qui a été le mien, et qui me renvoient une image si négative de ce qu'a été mon propre boulot ! Quand je pense que j'ai certainement renvoyé cette image aux gens chez qui je perquisitionnais.

J'ouvre les yeux, regarde par la fenêtre la vie policière s'agiter dans la cour. Des collègues qui rentrent de mission, d'autres qui partent. Armes à la ceinture, gilet pare-balles sur les épaules. On teste la sirène, le gyrophare. On s'interpelle, s'invective, balance des vannes. Cette vie professionnelle que je connais parfaitement, et qui n'est déjà plus la mienne. Mon téléphone bipe. C'est Renaud, mon avocat. Il est arrivé à Grenoble, il est au pied de l'hôtel de police. Il a fait vite. La perquisition a duré plus d'une heure.

Je prends le temps de lire ce procès-verbal de perquisition. Il est mentionné que les policiers de l'IGS m'ont présenté la commission rogatoire. Voici le détail que j'avais noté. C'est faux. Ils ne m'ont même pas laissé l'avoir entre les mains. Quelques vieilles réminiscences de mes cours de procédure pénale. Lors d'une perquisition effectuée dans le cadre d'une commission rogatoire, le code de procédure pénale stipule que ce document doit être exhibé et que la personne chez qui l'acte judiciaire se fait, doit en prendre lecture, sous peine de nullité. Dans les mauvais polars, on confond souvent la commission rogatoire avec les mandats de perquisition. En France, ce dernier n'existe pas. J'ai connu un vieil inspecteur divisionnaire qui disait toujours quand on lui en réclamait un : « Les mandats, c'est à la poste ! J'ai l'air d'un facteur ? »

Les policiers de l'IGS ont commis cette petite faute procédurale. Ils ne m'ont pas donné lecture de la commission rogatoire. Dans l'absolu, cela veut dire que leur procès-verbal de perquisition pourra être attaqué et éventuellement annulé. En l'espèce, je m'en fous. Ils ont rien découvert en perquisition. Rien. Même pas le début du commencement d'un petit morceau de shit que j'aurais pu avoir au fond de mon tiroir pour donner à un toxicomane en manque en garde à vue. Comme cela était de coutume il y a à peine dix ans. Hier. Une éternité.

Je ne ferai pas annuler cet acte. Je m'en fous. C'est ma petite vengeance du jour. Leur montrer qu'ils ne sont pas irréprochables, les obliger à enlever cette phrase mensongère, au risque de faire attaquer leur procès-verbal pour faux. Le commissaire l'a compris. Il me regarde. Regarde son scribe, et lui demande d'enlever cette formule. J'ai gagné. Petite victoire. Ils auront encore le temps et les moyens de me briser ultérieurement.

En partant, je ne les salue pas. Je les invite avec impertinence à profiter de leur présence en Isère pour venir perquisitionner mon domicile. « Vous verrez j'ai un petit deux-pièces charmant, pas très loin du centre-ville, vue imprenable sur le massif de la Chartreuse. Faut en profiter, à cause de vous, je crois que je vais être obligé de déménager rapidement. » Le commissaire, surpris, me répond : « Vous plaisantez ? » « D'habitude beaucoup, mais avec vous, jamais ! »

Ensuite, je fuis ce service. Je ne veux voir personne. Je ne peux voir personne. Partir. Courir. Loin. Ne plus penser, ne pas tourner la tête. Comme lorsqu'on quitte un être aimé qui vous a trahi. Le cocu de la police. Des collègues me voient devant la porte, ils accourent :

« Patron, partez pas sans nous dire au revoir !

– Je ne peux pas, les gars, je n'ai pas le droit. Je suis sous contrôle judiciaire.

– On s'en fout, patron. On est avec vous. Courage. Tenez bon. »

Je serre des mains. Regarde leurs visages. Tristes, mais déterminés.

« Craquez pas, patron. On vous soutiendra. »

Je sors. Respire un grand bol d'air et retrouve Renaud. Il a encore fumé deux paquets en quinze minutes. J'essaie de plaisanter. « Avec ce que tu t'envoies dans la tronche, la prochaine partie de squash, j't'explose, l'avocat, ou tu meurs avant. »

Il me connaît par cœur. Me laisse faire mon numéro de Belmondo. « T'as roulé à quelle vitesse pour venir ? Tu sais, bientôt, avec tout ce qu'ils me font subir, je ne pourrai plus te faire sauter tes PV ! » Il se contente de me regarder, porte sa cigarette à la bouche, aspire, souffle et en grand bavard qu'il est, lâche : « C'est dur ! »

Pour la deuxième fois de la journée, je pleure. Oui, c'était dur. Je me doutais que ça le serait, mais pas autant. Dur parce qu'incompréhensible, illogique, irréel. En moins de six jours, ma vie a basculé. De la lumière à l'ombre. De celui qui commande pour arrêter à celui qu'on arrête sur commande : je suis gardé à vue, mis en examen, placé sous contrôle judiciaire strict. Rien, je n'ai plus rien, si ce n'est l'innocence en présomption, que piétinent délicieusement des médias décidément bien renseignés.

Il y a trois semaines à peine Michel et moi passions en « héros » à la télé, représentant fièrement la police. Aujourd'hui, un sentiment de tristesse, de désolation et d'amertume m'envahit. J'ai tellement aimé ce métier, est-il possible qu'il me trahisse ainsi ? Ce n'est pas le fait d'avoir tout perdu qui me met dans un tel état, mais l'impression d'avoir reçu un coup de couteau dans le dos, de la main même de l'institution que j'ai toujours défendue, au péril de ma vie.

Renaud m'invite à déjeuner. Il essaye de me remonter le moral. Il ne me quittera pas de la journée. Peur certainement que je commette l'irréparable. Je le rassure, si je peux avoir l'idée du suicide, je n'en ai pas la tentation. Évidemment qu'on y pense. Quand tout s'accumule, quand chaque heure qui passe amène son lot de surprises infâmes et de saloperies. Juste envie que ça cesse, que tout s'arrête, que l'encéphalogramme devienne plat. La position idéale pour empêcher les coups de marteau sur la tête. Alors pourquoi ne pas tirer sa révérence, quitter le spectacle dégueulasse de la comédie humaine ? S'arracher de la scène pour lui donner encore plus de publicité ? Non merci. Pas le genre de la maison. À la maison, l'amour est ancré en nous. Beaucoup plus fort que la mort.

Renaud est obligé de me laisser. Je suis obligé d'essayer de dormir. En vain. C'est le matin. La police des polices n'a pas sonné à ma porte pour faire une perquisition matinale. Ma petite provocation de la veille ne les a pas poussés à passer à l'action. Le soir en rentrant, je m'étais débarrassé de tous les documents compromettants : mes lettres d'amour ! J'avais rangé mes tiroirs de commode : le tri dans mes sous-vêtements et mes sextoys. Pas envie que la police des polices salisse mes belles histoires. Ils n'auraient rien trouvé. Je plaisante. Je n'avais rien à cacher, mais je vivais dans la crainte qu'ils débarquent pour me porter la énième estocade. Paranoïaque à l'issue de ma première garde à vue, j'ai eu raison de choisir flic comme job, j'aurais fait un piètre voyou !

Ce n'est pas la police des polices qui m'a planté le couteau suivant dans le dos. C'est un avocat montpelliérain. Un de ces avocats qui préfère les tribunes médiatiques aux prétoires des tribunaux. Décidément, on ne peut se fier à personne. Juge, police des polices, journalistes et maintenant avocat ! S'ils se donnent tous la main pour m'empêcher d'atteindre la rive, c'est sûr, je vais me noyer. C'est mon ancien directeur du SRPJ de Montpellier qui me prévient. J'ai travaillé sous ses ordres alors que j'étais chef de la PJ à Perpignan. Gilles est commissaire divisionnaire. La quarantaine passée. Belle gueule d'hidalgo. Un homme intelligent, avec beaucoup d'humour et la répartie cinglante. Sévère mais juste. Et humain, profondément humain, une qualité rare, trop souvent en perte de vitesse dans la police. C'est un grand flic. J'ai beaucoup de respect et d'admiration pour lui.

« Christophe, j'espère que tu vas bien. Je suis avec toi. Un avocat, représentant un mis en examen dans le dossier de la mairie de Saint-Cyprien, a fait une déclaration tonitruante à la télé. Il dépose plainte contre toi pour corruption et trafic d'influence, pour ta relation amoureuse avec un témoin de l'affaire. » Une fois encore, je tombe des nues. C'est quoi ce bordel. Une coalition ou quoi ?

L'affaire de Saint-Cyprien, dans les Pyrénées-Orientales, est un feuilleton judiciaire local. La procédure a été traitée par l'antenne de police judiciaire de Perpignan dont j'ai été le chef. Plus de 20 personnes ont été mises en examen pour corruption, trafic d'influence, prise illégale d'intérêt, etc. Du maire au directeur de cabinet, en passant par l'adjoint chargé de l'urbanisme et le directeur général des services, sans parler des promoteurs et autres dirigeants de sociétés ayant pignon sur rue, et se retrouvant mêlés à cette triste et affligeante affaire, qui démontre les limites et les abus de la démocratie locale.

Ce dossier a commencé en 2007, a pris un tournant décisif à la fin de l'année 2008, avec la garde à vue et la mise en examen du maire, de son épouse et d'autres intervenants. Il s'est poursuivi tout au long de l'année 2009, avec son chapelet d'interpellations. Cette procédure n'a pas manqué de rebondissements. À commencer par le maire, qui s'est tragiquement suicidé en prison après quatre mois d'incarcération. À l'époque, je m'étais déjà interrogé sur le sens de mon métier. Sur ma responsabilité éventuelle dans cette mort. On n'arrête pas les gens pour qu'ils se suicident en prison.

Depuis le début de l'enquête, les avocats n'ont pas réussi à l'attaquer, ni sur le fond, ni sur la forme. Mais, découvrant que mon nom est cité dans la presse dans le cadre de l'affaire Neyret et que je suis mis en examen le 4 octobre 2011, c'est l'aubaine, l'ultime rebondissement. L'avocat dépose plainte, devant les médias, le 6 octobre 2011. Un rapprochement des dates qui parle de lui-même.

Cet auxiliaire de justice utilise la même technique de défense que celle employée par l'avocat de Tony Muselin dans l'affaire du convoyeur de fonds ayant dérobé 2 millions d'euros, traitée par la PJ de Lyon. Lui aussi a tenté du faire du tapage médiatique lorsque Michel Neyret s'est fait interpeller, pour attirer l'attention sur lui et remettre en cause les conditions de l'enquête dirigée par Michel.

Le principe est simple, jeter l'opprobre sur l'enquêteur pour discréditer l'enquête. Chacun appréciera à sa juste valeur la qualité d'une telle défense. Le plus gênant n'est pas forcément la plainte déposée, mais la façon outrageusement médiatique de procéder.

Cette plainte, après enquête de la police des polices, où une dizaine de personnes seront entendues, sera classée sans suite. J'ai quand même du mal à admettre qu'avant ma soudaine notoriété involontaire, personne dans ce dossier ne se soit inquiété de cette relation amoureuse, officielle et connue de tous depuis longtemps. Elle était même mentionnée dans la procédure judiciaire depuis le 22 mars 2010. Il a fallu attendre l'arrestation de Michel Neyret, puis ma garde à vue et tout le cirque médiatique pour que ce déballage de ma vie privée soit fait publiquement, 17 mois plus tard.

Ce 6 octobre 2011, ce n'est pas la tentation du suicide qui m'habite, c'est clairement celle du meurtre ! Heureusement, en droit français, la simple intention, si elle n'est pas suivie d'action, n'est pas condamnable ! La tentation n'est pas la tentative. Enfin, j'espère.

L'attitude racoleuse de cet avocat permet de mettre en exergue certaines pratiques de défense dans des affaires judiciaires. Elle démontre une dérive de la philosophie de la défense. Elle ne cherche pas à comprendre le geste de leur client et à essayer d'en expliquer les raisons. Elle ne cherche pas non plus à attaquer le dossier sur la forme, elle attaque directement les enquêteurs. Juste jeter le discrédit.

La meilleure défense, c'est l'attaque. Détourner l'attention du simple citoyen, voire des magistrats, en allumant des contre-feux médiatiques pour repousser l'échéance d'un éventuel procès, multiplier les actes de procédure, donc les incidents, et obliger les intervenants à jeter un regard différent sur les flics.

Fatalement, certains collègues ne voudront plus prendre de risques sur des enquêtes, de peur de se faire attaquer pénalement ensuite par les avocats de la défense !

Dans le dossier de Saint-Cyprien, plusieurs plaintes au pénal ont été déposées contre les enquêteurs par les avocats des mis en examen. À ce jour, d'après mes sources, toutes classées sans suite. Les magistrats ne sont pas dupes de telles manœuvres. Il serait temps de s'intéresser véritablement à un statut protégeant l'officier de police judiciaire dans le cadre de ses actes. Comme celui protégeant les juges.

Le soir du 6 octobre 2011. Je suis fatigué. Très. Confiné dans mon petit appartement que je vais être obligé de quitter, tenu au silence par le secret de l'enquête, potentiellement ruiné, sans pouvoir regarder mes photos sur mon ordinateur saisi par la justice. Je vois tout en noir.

Le téléphone sonne. Dernière mauvaise nouvelle de la soirée ? C'est ma fille de 20 ans, au caractère bien trempé et aux yeux rieurs. Elle me raconte comment elle a remis à sa place et rabaissé le caquet d'un grand dadais de son BTS qui, sans savoir qui elle était, donnait une conférence à l'intercours sur le thème : « flics, tous ripoux ! » Elle me fait rire. Je l'imagine, seule fille contre tous ces machos, prête à mordre le premier qui dérapera sur la police, prête à venger jusqu'au bout l'honneur de son père.

Merci ma fille, de ton soutien et de ton indéfectible foi. Ta grand-mère dit toujours : « Les "toutous" font pas des "minous" », traduisez par : « Les chiens font pas des chats ! » Je te le confirme, tu as touché la part principale de ton héritage. Je sais, grâce à toi et à tes frères, pourquoi j'ai continué d'avancer ce soir du 6 octobre noir.

Mais jusqu'où ?

Jacques

Septembre 1988 – Hôtel de police de Lyon

Delta Charlie Delta. DCD. Personne ne répondant plus aux appels. On ne s'habitue pas à la mort. Son odeur tenace et âcre, l'état des corps, l'âge des victimes. Alors oui, au bout de 20 ans de service, le malaise est moins vif. On parle du match de la veille durant les constats, on déconne, on rassure les stagiaires. On leur dit que c'est une question d'habitude. Mais, au fond, on le sait. On ne s'habitue pas à la mort. Elle vous hante.

Comme ces images de notre premier Delta Charlie Delta. J'avais 22 ans. Je venais d'intégrer l'hôtel de police de Lyon. Inspecteur stagiaire, je tournais avec le service de nuit dans le froid de novembre lorsque la radio a lâché les trois lettres. Les pompiers venaient de défoncer la porte d'un appartement de banlieue après qu'un voisin a été intrigué par l'odeur. On a trouvé le corps d'une vieille dame, morte depuis plus d'un mois, allongée sur son lit, bouffée par les vers. Ne lui restait plus que la partie supérieure du visage. Tout le reste était sombre et visqueux. L'odeur était forte mais c'est l'image qui m'a mis la plus grosse claque cette nuit-là. Ces rangées de vers, qui remontaient le long du corps, donnaient l'impression qu'elle bougeait encore. J'étais sonné mais j'ai encaissé. Orgueil du jeune flic qui ne se laisse pas impressionner.

C'était un décès naturel, elle était morte seule dans ce petit appartement entourée de ses vieux Télé Star. Pas d'enquête, pas de bruit, pas de pleurs. On est quand même restés sur place une heure et demie. Assez pour noter tous les signes de la solitude. Elle avait dû faire la vaisselle avant de s'étendre dans sa chambre. Une seule assiette sur l'évier, une seule table de nuit. Sur les murs, pas de photos encadrées, ni de dessins d'enfants, mais des paysages de montagne et une page de revue punaisée à l'entrée. Les couleurs étaient passées, toutefois on distinguait encore le sourire de Richard Chamberlain. Sur le parking, j'aurais voulu fouiller dans mes poches et allumer une cigarette. Je ne fume pas, pourtant j'enviais presque mes collègues. J'aurais aimé, comme eux, tirer de longues bouffées et souffler dans la nuit. Putain de vie.

Avec les années, on ne compte plus les cadavres. Les accidents, les crimes sexuels, les exécutions, les règlements de compte, les drames familiaux, les suicides. On ne réalise pas les dégâts causés par une Brenneke en pleine tête. On a beau s'imaginer, on a beau s'attendre au pire, la réalité nous dépasse. Toujours. Et on accumule. On se trimballe avec des bouts de corps, plus ou moins jeunes, plus ou moins beaux. Des visions crades que je voudrais écarter.

Comme celle de ce pauvre type bouffé par son chien. J'étais jeune commissaire à la direction départementale de la sécurité publique de Grenoble. Delta Charlie Delta. Personne ne répondant plus aux appels. Un deux-pièces pourri au fond de la cour d'un vieil immeuble et un chien qui ne cessait d'aboyer. Excédés, les voisins avaient alerté les pompiers. L'animal était dingue, on ne parvenait pas à le maîtriser. Forcément, il n'obéissait qu'à son maître. Alors le maître-chien fut appelé en renfort. Et nous, on a pu débuter les constatations. Le jeune type avait succombé à une overdose. Son chien s'était occupé du reste. Du sang partout, les membres éparpillés. La tête se désolidarisait presque du tronc qui gisait sur le lino poisseux. C'était pathétique, drôle et dégueulasse.

Les morts sans viol, sans couteau, sans torture, nous hantent aussi. On aimerait parfois supprimer les éléments de la mémoire, vider la corbeille, on se sentirait plus légers. Jusqu'au prochain Delta Charlie Delta.

« Tu ne peux pas rester là, Jacques, faut qu'on lui laisse un échappatoire, au mec. »

Jacques est mon collègue de bureau à la crime à Lyon, où j'ai été affecté en 1994. Il fait de la musculation. Il a commencé par l'haltérophilie avant de pousser la fonte. Il mesure 1,85 mètre pour 95 kilos. C'est un athlète. J'ai rarement rencontré quelqu'un d'aussi fort, faisant autant attention à son corps. Quand je descends des bières à l'heure de l'apéro, il attaque des produits bizarres dans un shaker. Juste après il va au sport, tous les jours, et je vais déjeuner. Nous ne suivons pas tout à fait le même régime alimentaire et n'avons pas les mêmes lectures. Il lit *Le Monde du muscle* et je fais semblant de m'intéresser au *Monde* tout court. Nos différences physiques renforcent notre entente quotidienne. Quand je caricature mon côté intellectuel, il exagère son aspect de sportif écervelé. Maître Capello et Monsieur Muscle. Les frères siamois, comme nous appelle notre chef de groupe.

Nous sommes en planque près d'un bar-tabac. Nous avons de bonnes infos sur un type susceptible de le braquer. Notre groupe de la crime est avec nous. Jacques est le conducteur du véhicule banalisé, je suis à ses côtés. Il s'est garé dans une impasse, face à l'établissement. Je lui fais remarquer que, conformément aux consignes passées, on doit laisser un passage potentiel au braqueur. Éviter qu'il se retrouve retranché et allume tout ce qui bouge. Il me regarde, surpris. « Chris, on ne dit pas "un échappatoire", on dit "une" échappatoire… c'est du féminin. »

Etonné, je regarde Jacques. Arrogant comme je sais l'être, je prends un ton moqueur : « Jacques, c'est "un" échappatoire. J'en suis certain. Tout le monde dit "un" échappatoire. Les commissaires, les juges, les journalistes. Mon père dit "un" échappatoire. Mon père est prof, Jacques, je te le rappelle. Il n'y a que toi, Musclor, qui dit "une" échappatoire. » J'ai dû le vexer, mon Jacques : « Ton père est prof d'allemand, Chris, d'allemand, pas de français ! J'en suis certain, échappatoire c'est du féminin. »

Je souris, sûr de moi et de ma pseudo supériorité intellectuelle, comme de celle de mon père.

« Il est prof d'allemand, mon père. Mais un bon professeur de langues est avant tout un professeur de français. Depuis toujours, il me répète : on ne dit pas "une" échappatoire, on dit "un" échappatoire ! Papa ne se trompe pas !

– Qu'est-ce qu'on parie ?, me lance Jacques plus amusé qu'agacé. »

De la provocation ! Je ne suis pas trop joueur, mais là je suis sûr de gagner. Je délaisse cinq secondes la surveillance du bar-tabac, je regarde Jacques droit dans les yeux :

« Écoute moi, Musclor, je vais te donner un conseil, un seul. Ne parie jamais avec moi !

– Une tonte de cheveux !, relance Jacques.

– Quoi ?

– Celui qui perd se rase la tête, entièrement. Tu seras obligé de couper ta précieuse mèche de petit minet des beaux quartiers lyonnais, Chris ! »

À mon tour, je me moque : « En fait, il ne te manquait que la boule à zéro pour être le clone de Monsieur Muscle, Jacques ! C'est d'accord, j'accepte ! »

La radio crépite. « Les frères siamois, quoi de neuf de votre côté ? » Le chef du dispositif s'inquiète. Déjà trois heures que nous sommes en planque. Le buraliste va bientôt fermer, et toujours pas de braqueur en vue. « Le vide abyssal, chef, à part Jacques qui vient de perdre un pari, d'un cheveu ! » Mon chef ne comprend pas mon humour capillaire. Il annonce qu'on attend la fermeture du bar-tabac avant de lever le dispositif. Ces dernières minutes de surveillance servent à finaliser les règles du pari. Nous n'acceptons que le dictionnaire *Larousse* comme référence, celui qui perd a huit jours pour se faire intégralement tondre le crâne. Dans un éclair de lucidité, je demande à Jacques de repousser le délai à trois semaines. Dans quinze jours, il y a le baptême de mon fils. « En même temps, Jacques, je vais gagner. Petite sécurité supplémentaire. » Jacques, grand seigneur, accepte ce répit.

Ce n'était pas ce soir que le braqueur devait commettre son méfait. L'information ne devait pas être aussi fiable que ça, ou alors on s'est fait repérer. Ou le voleur a eu peur. Retour au service. Pendant tout le trajet, je fais la mouche du coche. J'enchaîne les mauvais jeux de mots : « Tu vas prendre un sacré shampoing en rentrant… Cette histoire est tirée par les cheveux… Ça ne tenait qu'à un poil… Tu seras ma Dalila, je serai ton Samson. »

Jacques se tait. Souriant. En arrivant, nos têtes intriguent notre chef de groupe. « Vous vous marrez alors qu'on n'a toujours pas serré notre braqueur, c'est quoi l'objet de votre hilarité ? » Bizarre ce besoin dans la police de personnaliser les gens : notre braqueur, notre violeur… notre juge. Notre bêtise à Jacques et moi. Un pari stupide sur le genre d'un nom. Jacques rameute le groupe, le dictionnaire à la main. Il explique le pari. Chacun y va de son avis : c'est "un", mais non "une" échappatoire. Le chef de groupe commente : « Toutes les façons, vous êtes siamois ! Si l'un de vous deux se tond les cheveux, l'autre le fait aussi ! »

Jacques feuillette les pages du *Larousse*, prend son temps, se délecte. Il a trouvé le mot. Lève son nez du dictionnaire. Il est tout sourire. « Maître Capello, c'est quand déjà le baptême de ton fils ? Tu ne pourras pas trouver… d'échappatoire, mon vieux, après la cérémonie : crâne rasé ! » Interloqué, je le regarde annoncer fièrement : « Échappatoire, nom féminin signifiant subterfuge, moyen subtil et adroit de se tirer d'embarras ». Perdu, j'ai perdu. Est-ce possible ? Je vérifie, les bras m'en tombent, avant les cheveux. Une tonte complète. Chauve, complètement. Lisse comme un œuf. Je n'ai plus l'embarras du choix, juste le choix de l'embarras. Je fais l'objet de railleries de la part de tous mes camarades. Certains vont jusqu'à parier que je n'aurai pas le courage de passer à l'action : « Tu parles, il est trop attaché à sa mèche ! » « Sa femme ne lui permettra jamais ! » « Déjà là, il fait peur à son môme, alors chauve… »

Mi furieux, mi amusé, j'appelle immédiatement mon père. Je vérifie l'état de ses connaissances en lui posant la fameuse question : « Papa, c'est "un" ou "une" échappatoire ? »

Mon père me répond avec cet air gonflé de certitudes que donne la fréquentation des salles de cours en tant que professeur depuis 25 ans : « Mon fils, depuis toujours je te l'ai appris, échappatoire est du genre masculin ! » « Tout faux, papa ! Échappatoire est du féminin. On vient de vérifier. J'ai perdu un pari à cause de toi. Je vais me tondre les cheveux. » Je lui raconte les conditions du pari, pourquoi j'ai parié, sûr de moi, m'appuyant sur la parole paternelle, presque divine. Il éclate de rire et rajoute : « Tu sais qu'il ne faut jamais écouter son père ! »

Trois semaines après le baptême de mon fils, au boulot, l'activité a suivi son cours. Notre service travaille sur un meurtre sordide. Nous vérifions les déclarations du mis en cause, interpellé peu de temps après les faits. Nous préparons, à la demande du juge, la reconstitution qui doit se dérouler sur les lieux mêmes de l'homicide. Tout le monde a oublié cette histoire de pari perdu. Lundi matin, jour programmé de la reconstitution, j'arrive au service en portant une casquette. Jacques est le premier à me voir. « Tu l'as fait. C'est pas vrai ? Tu l'as fait ! » Il enlève ma casquette, et admire mon crâne lisse. « Alors là, je dis bravo ! T'es couillu, mec. Le jour de la "reconstite", en plus, chapeau ! » Je ne peux pas m'empêcher de fanfaronner et de lui dire : « Je vais te donner un autre conseil, gros ! Ne me provoque jamais ! » Les gars de la crime m'applaudissent quand je rentre dans la salle de réunion. Le chef se marre. Je salue mon public, en enlevant ma casquette, afin qu'ils admirent ma tête de bonze. « C'est pas tout, les gars, faut assurer la reconstitution. Christophe, tu tombes au poil... Puisque c'est toi qui a pris les aveux... tu t'y colles ! »

Deux mois auparavant, j'étais de permanence « week-end » à la crime. Un de ces week-ends où il ne se passe rien. Pas la moindre agression, pas de crime, pas de braquage. Le calme absolu. Tant mieux. L'équipe de France de rugby vient de gagner son match contre le pays de Galle 51 à 0 et de remporter en ce 5 avril 1998 son deuxième grand chelem d'affilée. 18h30, je descends voir le chef de permanence. « Je crois que je peux rentrer, à part la victoire de la France, rien à signaler ! » J'aurais mieux fait de me taire. Le téléphone sonne, le chef de permanence décroche. Prend des notes d'une main, de l'autre me fait signe de rester. « Le corps sans vie d'une femme, coups de couteau, Lyon centre… et son chien ? Egorgé aussi ! Dans la baignoire ?… Ok, je vous envoie du monde. » J'ai compris. J'appelle ma femme, pour la prévenir. Je pars sur les constatations d'un meurtre, je vais rentrer très tard. Elle commence à avoir l'habitude : « Tu me rejoins directement à la soirée ? »

J'appelle l'identité judiciaire, et nous fonçons à l'adresse de la découverte du cadavre. Les premiers intervenants sont les effectifs de « Police Secours ». Ils ont conservé les lieux en l'état. Ils sont étonnants. Au rez-de-chaussée, un petit appartement composé d'une cuisine à main gauche, d'une salle de bains en face de la porte d'entrée et à main droite d'une chambre à coucher. L'ensemble, sommairement meublé, ne respire pas le luxe.

La serrure de la porte de la salle de bains, pouvant se fermer de l'extérieur, est fracturée. Ce sont les pompiers qui l'ont forcée. La pièce est tachée de sang. Dans la baignoire gît un caniche blanc. Égorgé. Dans la chambre règne un grand désordre. Il est dû au grand trou dans le mur de séparation avec l'appartement mitoyen. Des gravats jonchent le sol. Une masse posée dessus. Dans le lit, le corps sans vie d'une femme. Soixante ans environ. Les draps sont couverts de sang. Plusieurs traces de coups de couteau sont visibles à l'œil nu. Une grande blessure sous la gorge.

Nous entrons par l'appartement mitoyen. La porte d'entrée du F1 de la victime est fermée à clef. Le voisin est le découvreur du corps. Il a, à la demande de son propriétaire, qui est également celui de la personne décédée, cassé le mur de séparation avec une masse. Le loueur n'avait plus de nouvelles de sa locataire depuis une dizaine de jours.

Nous allons vite comprendre. Le propriétaire, vendeur de sommeil, était furieux de ne pas avoir touché le dernier loyer de la femme. Il n'arrivait plus à la contacter. Le téléphone sonnait dans le vide. Personne ne répondait quand il frappait à la porte. Il a demandé à son voisin de casser le mur mitoyen pour pénétrer chez la victime. Il pensait qu'elle avait quitté les lieux. Il voulait en reprendre possession. Illégalement.

Le propriétaire est mal à l'aise. Il sait qu'il n'a pas le droit d'agir ainsi. La découverte du cadavre l'a forcé à appeler les services de police. Il s'en serait bien passé. Le voisin à la masse, lui, semble sidéré. D'avoir découvert sa voisine dans cet état et de penser qu'il dort depuis 15 jours avec une morte de l'autre côté du mur, et d'avoir obéi à son propriétaire en cassant cette cloison.

Lors de la découverte d'un cadavre, le plus difficile est le premier regard. Comment allons-nous trouver le corps ? Dans quelle position ? Quel état ? Quel sexe ? Quel âge ? Est-il habillé ? Nu ? Où allons-nous trouver la victime ? Dans la cuisine, la baignoire, les chiottes, le garage, le sèche-linge ?

De quelle façon a-t-elle été assassinée ? Avec quelle arme ? Revolver, couteau, tournevis, perceuse ? À quel endroit les coups ont-ils été portés ? A-t-elle été violée ? Vaginalement, analement ? Nous savons avant d'arriver qu'il s'agit d'une femme d'un certain âge, décédée à coups de couteau dans son lit. 80 % de notre imagination a fait le travail d'acceptation. Restent les 20 %. Une fois ce premier constat effectué, il faut l'assumer et supporter l'odeur. Elle prend immédiatement à la gorge : âcre, puissante, poisseuse. Elle colle aux vêtements, à tous les pores de la peau. Des pieds à la tête. Surtout si la mort remonte à plusieurs jours. Après plusieurs heures de constatations sur une découverte de cadavre, l'envie première est de se doucher tout entier, tout habillé, et de recommencer plusieurs fois. Éloigner la mort en se débarrassant de son odeur.

Le corps de cette femme tuée et égorgée me choque. Je ne m'y ferai jamais. Certains disent qu'ils s'habituent, ils ont vu tellement de cadavres dans leur vie, ça ne leur fait plus rien. Je ne sais pas comment ils font. Je ne supporte pas. Pourtant c'est moi qui ai demandé à travailler à la crime. Depuis que je suis arrivé dans ce service en 1994, j'ai été amené à travailler plus d'une fois sur des morts violentes.

Ma première permanence en décembre 1994. Fier d'appartenir à un service prestigieux. Trois heures du matin, alors que les portables relèvent encore de l'utopie technologique. Le téléphone familial qui résonne de cette sonnerie qu'on ne pouvait pas encore choisir. Ma fille, âgée d'un an et demi, qui se réveille en pleurs. Ma femme qui râle et la voix de mon chef de groupe au bout du fil, laconique, il me jette une adresse et un nom de boîte de nuit sur un quai de Saône à Lyon. « Gavat, un macchab. Un mec vient de se prendre une bastos dans le dos. Rendez-vous dans un quart d'heure. » « Allo, oui, c'est qui ? Quoi ? Où ? Pourquoi faire ? C'est une blague ? Une initiation ? Un bizutage ? »

Dans le doute, je m'y rends. Les lumières bleues des gyrophares dans la nuit me font vite comprendre qu'il ne s'agit pas d'une plaisanterie. La tête de mon chef de groupe non plus. Il m'explique. Un type de 24 ans qui sortait de prison. Il est entré dans la boîte et s'est fait allumer dans le dos. À la « Brenneke », cartouche de chasse de calibre 12 pour gros gibier, qui fait des dégâts irréparables. Définitifs. Nous arrêtons l'auteur moins de 24 heures après. Il a été vite identifié. Le frère de l'ex-petite amie de la victime. Il lui avait fait des menaces de mort répétées lorsqu'il était incarcéré. Il n'a pas supporté qu'il abandonne sa petite sœur, avant de se faire embastiller. Il venge l'honneur familial, dès que le petit ami sort de prison ! Avant d'en prendre le même chemin. Un amoureux en sort, un frère y entre. Spirale infernale de la bêtise humaine.

Lors de son interpellation, l'auteur des coups de feu mortels a tenté de prendre la fuite. Il a creusé un trou depuis le placard mural de sa chambre, permettant d'accéder aux combles de la maison parentale. Caché pendant la perquisition, nous ne l'avons pas trouvé. En soulevant une tuile pour s'évader par les toits, il l'a faite tomber. Sa précipitation nous a alertés alors qu'on quittait les lieux. La liberté, parfois, ne tient qu'à une tuile.

Autre week-end de permanence en 1996. Dimanche soir, tard. Nous faisons des constatations sur un cadavre. Un homme de 35 ans assassiné de 42 coups de couteau, égorgé dans son deux-pièces. Tout petit appartement. Rue des Anges. Il y a des noms de rue qu'on ne peut pas oublier. Un crime horrible dans une rue au nom enchanteur. La rue des Anges à Lyon est une artère perpendiculaire à celle du commissariat de police local. Le meurtre a eu lieu à moins de cent mètres du premier flic. Gardien de la paix, mais pas ange gardien. Presque honte de le dire, je n'ai jamais autant ri que lors des constatations sur ce cadavre. L'état du corps démontrait la violence des faits. Presque une forme de démence. Les lieux du crime étaient sordides. Le médecin légiste était jeune. Un peu fou, comme nous, voire plus. Nous avions du mal à manipuler le corps pour essayer de compter les coups de couteau et comprendre ce qui avait pu se passer dans ce réduit. Pour chasser nos angoisses, nous avons raconté des blagues graveleuses, nulles. Et nous avons ri, presqu'autant que nous avions mal. Ri aussi fort que les coups portés sur le corps avaient dû être violents. Ri pour évacuer nos peurs et nos angoisses. Ri pour pouvoir faire notre travail jusqu'au bout. C'est la première fois sur une affaire que nous faisons autant de prélèvements. Dans le lavabo, la douche, les W.C. Au fond de la bonde de l'évier du voisin, qui nous avait prévenus de la découverte du corps, l'identité judiciaire a trouvé une goutte de sang. Du sang de la victime. L'homme a été placé en garde à vue. Cette minuscule goutte de sang, ainsi que sa propension naturelle à la violence, imprévisible et incompréhensible, l'ont désigné comme étant le meurtrier. Une discussion alcoolisée qui s'envenime. Le ton qui monte, le couteau qui sort, le sang qui gicle et l'acharnement, démonstration de sa supériorité physique.

Cet autre jeune homme, tué d'une rafale de pistolet-mitrailleur sur la place d'une cité à Bron. Un samedi en fin d'après-midi. Une heure et un lieu fréquentés par des centaines de personnes. Quand les secours et la police arrivent, personne n'a rien vu, c'est à peine si quelqu'un a entendu quelque chose... L'omerta, le silence et la peur de quelques-uns, caïds sans scrupule et sans morale, ont fait le reste. Je n'ai pas le souvenir qu'on ait identifié et arrêté l'auteur des coups de feu mortels.

Cet homme tué à coups de batte de base-ball à une station-service par un conducteur fou furieux. Deux minutes avant, sa future victime lui avait fait une queue de poisson. Intolérable pour le futur meurtrier. À la pompe à essence, il est sorti de sa voiture, une batte de base-ball à la main. Furieux qu'un homme ait pu conduire mieux, plus vite et se rabattre avec autant d'affront devant lui. Il ne jouait pas au base-ball. Il n'en connaissait pas les règles. De toute façon, il ne les aurait pas respectées. Il avait toujours cet instrument de jeu sur lui. Sans pratiquer, il savait l'utiliser. Il en a fait une arme. Il n'apprendra jamais la subtilité de ce sport. Un différend routier : deux vies gâchées, deux familles détruites.

Je n'ai jamais supporté tous ces cadavres. Pas seulement pour la vue ou l'odeur, mais aussi pour les raisons de ces meurtres. Toutes ces personnes tuées par bêtise, cupidité, folie, stupidité, jalousie, avidité... connerie ! En travaillant sur l'homicide de cette femme égorgée dans son lit, j'allais encore découvrir une nouvelle raison de tuer. De quoi en perdre les cheveux.

Les constatations sont effectuées minutieusement, l'enquête de voisinage également. Elles ne nous apprennent rien de fondamental pour la poursuite de l'enquête. Le découvreur et son propriétaire sont convoqués le lendemain pour une audition détaillée. Le but étant de vérifier les circonstances et les conditions de la découverte du corps, ainsi que tous les autres détails susceptibles de nous éclairer sur la victime et son emploi du temps de ces derniers jours. Certains aspects nous chagrinent. Le propriétaire qui demande à son locataire de briser la cloison mitoyenne, son attitude ambivalente : peureux et arrogant. Sûr de lui et de son bon droit ; mais angoissé des éventuelles conséquences de son geste. Il a du mal à justifier les raisons pour lesquelles il a fait abattre la cloison plutôt que forcer la serrure de la porte d'entrée. Pourquoi il n'a pas eu recours aux services de police pour « une personne ne répondant plus aux appels » plutôt que de tenter de rentrer en catimini chez sa locataire.

L'homme à la masse se sent merdeux aussi. Il pressent qu'il n'aurait pas dû obéir à son propriétaire. Il sait aussi qu'il aurait pu s'inquiéter avant de ne plus avoir de nouvelles de sa voisine directe. D'autant qu'il entretenait avec elle des relations amicales, « bonjour-bonsoir » et apéro partagé régulièrement. L'enquête n'en est qu'à son commencement. En cette fin de permanence de « week-end », les investigations nous paraissent longues et compliquées. Il va falloir creuser dans le passé de la victime, vérifier toutes ses histoires de cœur et d'argent. « Le cul et le fric », les deux mamelles du crime !

Lundi matin, et mon chef est grognon. C'est le troisième homicide pour lequel son équipe est saisie en 15 jours. Il adore son métier, mais à ce rythme-là, il n'est pas sûr de pouvoir fournir l'offre, face à une augmentation de la demande. À côté de ces enquêtes pour meurtres, longues et difficiles, la crime travaille aussi sur des braqueurs susceptibles de passer à l'acte. Être réactifs, professionnels et travailler sur plusieurs dossiers en même temps. Ne rien laisser au hasard. Il me laisse la parole pour le débriefing sur la permanence. Je cite la victoire de la France dans le tournoi, qui n'est encore que de cinq nations. Me fais rappeler à l'ordre. Explique la scène de crime de samedi soir. Le silence règne. Les collègues sont intrigués par les circonstances particulières de la découverte du corps. Par la violence des coups portés à la victime et au chien. Et par le fait que la porte d'entrée de l'appartement de la victime ait été refermée à clef.

Chacun digère les informations. Et les questions arrivent. Comment était vêtue la victime ? La chemise de nuit était-elle remontée ? Pourquoi casser le mur mitoyen ? Le voisin a-t-il entendu du bruit ? Personne n'a entendu hurler ? Une femme qui se fait agresser à domicile, elle crie ? Son chien aboie ? Pourquoi avoir tué aussi l'animal ? L'appartement était-il en désordre ?... Les supputations et extrapolations fusent.

Le chef de groupe y met bon ordre. Il donne ses consignes. Retourner sur place, refaire des constatations poussées et une enquête de voisinage rigoureuse. Rechercher tous les antécédents de la victime. Analyser sa facture détaillée de téléphone, voir tous ses contacts. Étudier ses comptes en banque. « Le grand jeu, la totale... les gars, on ne laisse rien au hasard. Cette femme n'a pas été assassinée pour rien. » Il se tourne vers moi : « Quelque chose à rajouter ? » « Rien. Peut-être juste reprendre en audition le propriétaire et le voisin. Ils doivent avoir encore des choses à nous dire. » Le chef de groupe répartit les tâches, il me laisse le soin de réentendre l'homme à la masse. Il se charge du vendeur de sommeil, son attitude ne lui plaît pas. Il veut lui tirer les vers du nez et lui dire sa façon de penser. Jacques part sur la scène du crime, s'imprégner des lieux et effectuer l'enquête de voisinage. Me désignant, il s'adresse à Laurent, jeune gardien affecté à la crime depuis peu, « je te laisse avec le petit roquet. Tu verras il aboie beaucoup, mais il mord pas ! »

Laurent est intimidé. C'est la première fois qu'il participe à une enquête criminelle. Il a même pris de quoi noter. Il me demande ce qu'il doit faire. « Rien de particulier. D'une façon générale, je mène les débats. Si jamais tu veux intervenir, tu n'hésites pas. Il n'y a pas de question stupide. » Le téléphone sonne, c'est l'accueil. Le voisin de la victime vient d'arriver. Je descends pour le guider dans le labyrinthe de l'hôtel de police.

Tout de suite, je sens quelque chose. L'homme est tendu. Le regard mal assuré, les mains moites. Plus mal à l'aise que la veille. Le post-traumatisme d'avoir découvert sa voisine assassinée. Un doute m'envahit. À aucun moment, nous n'avons envisagé qu'il pouvait être l'auteur des faits. Si c'était lui ? J'évacue de mon esprit cette hypothèse. Si tel était le cas, il ne serait quand même pas resté à côté de son crime. Il aurait refusé de casser volontairement le mur qui a permis la découverte du corps. C'est plus fort que moi. Plus je marche à côté de lui, plus ce ressenti est fort. Une sensation intuitive. Presqu'une certitude. Quelque chose d'indéfinissable, dans sa démarche, ses yeux. Il a déjà le comportement du coupable. Arrivé au bout du labyrinthe, dans mon bureau, je sais que c'est lui. L'interrogatoire est ce moment de l'enquête où tout peut basculer, ce moment privilégié où se joue soit l'enfermement dans le mensonge, soit la libération par la révélation. L'instant où le mis en cause se mure dans ses contradictions ou au contraire laisse éclater la vérité. C'est un jeu. Savamment dosé, un mélange de douceur et de violences verbales, d'écoutes et de provocations, de silences et de soliloques. C'est une confrontation d'intelligences faite de psychologie. Confrontation forcée mais libératrice. C'est un art dont l'intuition est le premier moteur. Une confession où le prêtre est le flic.

L'interrogatoire commence. Je laisse planer un silence. Exagérément long. Il gêne tout le monde, même Laurent. Je lis la procédure, prends des notes. Regarde l'homme, hoche la tête, me repenche sur la procédure. Laurent bouge sur son siège. Cherche une meilleure position. Toussote. Je pose la première question, directe, précise, droit dans les yeux : « C'est dur, non ? » L'homme, surpris, fait semblant de ne pas comprendre. Il croit que je fais référence à la découverte du corps.

« Je ne vous parle pas de la masse et du mur. Je vous parle du fait de l'avoir tuée. Car vous l'avez tuée. Sans le savoir, on vous a obligé à être celui qui découvre le corps de votre propre victime. Dur. Très dur. Quand vous avez cassé le mur, vous saviez qu'elle était morte, là, juste derrière. Terrible comme sensation. En brisant le mur, vous commenciez à briser le silence qui vous habitait depuis que vous l'aviez tuée. Il a fallu être courageux pour casser ce "putain" de mur. Elle était derrière, morte. Vous ne pouviez plus reculer. Vous vous doutiez depuis le début que son corps allait être découvert, mais vous ne saviez pas quand. Le plus tard possible. Vous n'avez jamais imaginé qu'on allait vous obliger à casser le mur. Quand votre propriétaire vous a appelé pour vous demander de le faire, ça a dû être glacial. Vous saviez. Vous deviez faire semblant de ne pas savoir. Vous ne pouviez pas faire autrement que de lui obéir. À chaque coup que vous portiez, le mur s'écroulait, et votre peur augmentait. Être l'homme qui alerte les policiers sur le crime qu'il a commis. Être l'auteur de votre propre dénonciation. Ou alors jouer la comédie. Vous n'êtes pas comédien. Comment on réagit quand on découvre un corps assassiné ? Vous ne le saviez pas. C'est un métier, d'être comédien. Vous n'êtes pas acteur, ni même menteur… alors ? Pourquoi ? Pourquoi l'avoir tuée ? Et le chien ? Pourquoi avoir tué le chien aussi ? Il vous connaissait ? Il aboyait à votre passage ? Le laisser en vie, c'était prendre le risque que le corps soit découvert plus rapidement ? »

L'homme est fragilisé. Il ne s'attendait pas à cette entrée en matière. Il vacille, essaie de mentir. Laurent aussi a senti la faille. Il hoche négativement la tête aux remarques sans conviction apportées par le mis en cause. On ne lâche pas la pression. Pendant dix minutes, je lui pose des questions sur sa vie, sa mère, son ex-femme, ses enfants. Insiste sur le fait qu'une fois les aveux passés, il se sentira mieux, sera libéré d'un poids considérable. Dans sa tête, tout doit se mélanger. Le mur qui s'écroule sous les coups de la masse, la découverte du corps, les questions des flics. Il est paumé. Ses lèvres sont desséchées. Il laisse planer un long silence. « Je pourrais avoir un verre d'eau et une cigarette, s'il vous plaît ! » Je le regarde droit dans les yeux. Il va avouer. Je sors dans le couloir, calme mon excitation. Croise mon chef qui me demande :

« Alors ?

– Dans 2 heures, des aveux signés !

– C'est lui ?

– Oui, il fume et il dit tout ! »

L'interdiction de fumer dans les locaux existe depuis 1991. Nous allons encore faire une entorse à la loi. Autoriser la cigarette qui détend. Celle qui permet au mis en cause de se sentir en confiance, de se lâcher. J'apporte un paquet de cigarettes emprunté aux fumeurs invétérés de la crime, et une bouteille d'eau, et tends l'ensemble à l'homme. Il boit, allume une cigarette. Dès la première bouffée, il se sent mieux. La crainte, c'est qu'il en profite pour se recroqueviller, qu'il se taise. Mais l'homme a besoin de parler. Ce qu'il porte en lui l'enferme, reconnaître les faits le libère. Il vide sa culpabilité. Parle. Raconte tout. D'un coup, comme un long cri.

C'est ahurissant. Il reconnaît être l'auteur du meurtre. Précise avoir agi seul. Il fréquentait sa voisine en âge d'être sa mère, avec qui il partageait des soirées alcoolisées. Ils noyaient ensemble leurs solitudes respectives. Chacun écoutant l'autre raconter sa vie, sa misère personnelle et affective. Deux chagrins qui se font écho. Comme une mère écoute son fils en souffrance, comme un enfant réconforte sa maman dans la douleur. Mais si elle est en âge d'être sa mère, elle n'en est pas moins femme. Avec ses désirs. Elle lui propose de faire l'amour. Il lui donnera la mort. Le dérapage : trop-plein d'alcool, trop-plein de chagrin, trop-plein de souvenirs qui débordent. Sa voisine qui se comporte comme une « pute ». Ce n'est pas possible, pas elle. Pas l'image de sa mère en train de faire l'amour. Pas sa mère en train de vendre son corps pour un peu d'argent ou quelques gouttes d'alcool. Pas de cette saloperie dans son imagerie maternelle. Il pète les boulons. Attrape un couteau de cuisine. Il frappe, frappe, frappe violemment cette femme aux propositions sexuelles immondes, cette femme qu'il considérait comme sa mère. Ne plus entendre le son de sa voix, l'égorger, et faire taire ce chien qui n'arrête pas d'aboyer. C'est insupportable, ces cris, ces aboiements. Se débarrasser du cabot, le jeter dans la baignoire. Fermer la porte à clef. C'est pratique, la salle de bains se ferme de l'extérieur. Maintenant, que faire ? Le calme est revenu. Sa voisine gît sur le lit. Il n'a pas servi à leurs étreintes. Quitter ces lieux, les fermer. Il a les clefs dans la main. Ne pas prendre la peine d'essuyer ses empreintes. C'est sa voisine, il venait régulièrement chez elle, c'est normal qu'il y ait ses traces. Partir, fuir. De l'appartement. Après on verra, il sera temps de réfléchir. Un dernier regard, qu'a-t-il fait ? C'est trop tard. Il part. Ferme la porte, les trois verrous. Il sort, respire. L'air libre. Hébété, perdu. Il marche d'un pas rapide, se calme, doucement. Il regarde ses mains. Tremblantes. Elles tiennent le porte-clefs de sa voisine, dernier lien qui le ramène à elle. Il faut s'en débarrasser. Il est ridicule, en plus, ce trousseau, petit caniche rose tenant dans ses crocs les cinq clefs. Une bouche d'égout, trois rues plus loin. Il jette le caniche rose. Regarde ses mains. Elles sont vides. Il ne sait plus quoi faire. Marcher encore pendant des heures, en les cachant au fond de ses poches. Que peut-on faire quand on a commis le pire ? L'enfermement du silence, que viendront briser les coups de masse sur le mur mitoyen de son meurtre.

Il relit son procès-verbal. Le signe. Laurent et moi sommes ahuris. Que dire ? Je sors, autorise l'homme à fumer tout le paquet de cigarettes. On n'en est plus à une infraction près. Je donne le procès-verbal à mon chef, lui précise : « un trousseau de clefs en forme de caniche rose, avec cinq clefs, dans la bouche d'égout. C'est celui de l'appartement de la victime. Si on le trouve, il a dit la vérité. »

Jacques, contacté par le chef de groupe, se rend à l'endroit en question. Avec des égoutiers de la ville de Lyon, ils fouillent. Pas facile avec sa corpulence de se glisser dans ces tunnels sombres. Ces 15 derniers jours, il n'a pas beaucoup plu. Le caniche rose tenant dans sa gueule cinq clefs est découvert. L'homme confirme qu'il s'agit du bon trousseau. Les clefs ouvrent bien les serrures de la porte de l'appartement de la victime. À la fin de sa garde à vue, le mis en cause nous remercie de l'avoir aidé à parler. Il est soulagé. Son secret était intenable. Il est mis en examen pour homicide volontaire.

Deux mois après, nous nous retrouvons pour la reconstitution. Ma tête a été tondue la veille par mon petit frère, mort de rire. Je porte une casquette pour cacher ma calvitie volontaire. L'homme, sorti de prison pour l'occasion, ne me reconnaît pas. La juge m'avait prévenu. Au cours de l'instruction, et suivant les conseils de son avocat, il a changé de version. Toujours présent au moment des faits, il a mentionné qu'ils étaient deux pour tuer la victime. Il aurait été accompagné d'un deuxième homme, qu'il ne connaissait pas, qu'il aurait rencontré dans un bar et avec qui il serait allé boire des verres chez sa voisine. Cet inconnu, sur un coup de tête, aurait « pété les boulons » et porté les coups mortels à la femme, sans véritable explication. Il aurait juste couvert son compagnon.

Le mis en examen finit par m'identifier.

« Je ne vous avais pas reconnu.

Je le regarde.

– Moi, non plus ! Pourquoi cette version ? Ce deuxième homme inconnu ? C'est n'importe quoi, ça ne tiendra jamais aux assises !

– Si je reconnais être tout seul à avoir commis ça, je vais prendre “perpète”. Mon avocat m'a dit que c'était la seule échappatoire pour ne pas être condamné lourdement. »

Amèrement, je souris. Pas longtemps. Il ne s'est pas trompé sur le genre « d'échappatoire ». Au moins, il n'aura pas la tête rasée. Aux assises, personne n'a cru à sa version du deuxième homme, surgissant de nulle part, dont il n'a pu donner ni le prénom, ni un signalement clair. Son premier interrogatoire, où il reconnaît avec détails le meurtre était précis, trop circonstancié. Toutes les hypothèses imaginées par la suite ne tenaient pas la route. Ce n'était pas la bonne échappatoire. Pari perdu pour la défense. Il a été condamné à 20 ans de réclusion criminelle.

Je n'ai plus jamais parlé orthographe avec les collègues musclés.

J'ai arrêté de provoquer Jacques.

J'ai remis ma casquette, attendu que mes cheveux repoussent. Et continué les enquêtes.

Jusqu'à quand ?

Kamel

Novembre 2008

Avec « le nain », on a le même âge. On aurait pu se rencontrer à l'école ou sur un terrain de rugby. Je suis sûr qu'on aurait été potes. Croix de bois, croix de fer. Dans les bagarres d'après match, dans les mensonges aux profs, dans nos premières conquêtes amoureuses. Mais on ne s'est jamais prêté ni notre mob, ni nos petites amies.

J'ai auditionné « le nain » en 1995. On venait de serrer une équipe de braqueurs qui écumait les bijouteries de la banlieue lyonnaise. Il a pris huit ans de placard pour recel. Un « Monsieur », comme on dit dans le milieu. Un demi de mêlée d'1m70, chaussettes baissés et col relevé. De la classe et de l'autorité. Lorsqu'il s'est assis face à mon bureau, il n'a pas joué. Il a écouté, répondu aux questions. Il allait passer sa première nuit au dépôt. Il avait perdu la partie, il s'inclinait. « Le nain » m'a demandé un café et la permission de prévenir sa mère. Et puis on s'est mis à parler. Des présidentielles et des pommes de Chirac, des parents, des femmes, des bons vins, de la vie. Le jour se levait, les équipes de nuit s'éclipsaient et le cendrier posé entre nous se remplissait. On a parlé encore, jusqu'à ce que la relève lui repasse les pinces. On s'est salué comme deux personnes qui avaient fait connaissance lors d'un dîner. Avec les contraintes en moins, pas de fausse promesse, pas d'invitation pour le barbecue du dimanche, pas d'échanges de mail. Non, on n'était pas dans les conventions. On s'est juste parlé vrai entre deux actes de procédure. On s'est fait un signe de tête, je lui ai souhaité bonne chance. Il m'a souhaité bonne nuit. Voilà, cela fait un peu plus de treize ans.

Depuis, on se croise, on boit une bouteille de bordeaux, on refait le monde. Avec une sorte de pacte tacite : les affaires restent au vestiaire. On n'est pas dupes, lui comme moi, on commence à bien maîtriser la bio de l'autre. Lui a suivi mes avancements, moi je sais qu'il a un bateau, plutôt grand luxe. Mais on se contente de faire tourner nos verres et nos conversations débutent toujours par l'analyse des larmes de notre breuvage. Je laisse parler le maître : le bordeaux, il l'a dans le sang. Son destin était tout tracé, il aurait dû reprendre le domaine familial, sans vagues, comme l'avait déjà fait son père. Et le père de son père. Oui, mais « le nain » n'était pas taillé pour la vigne et ses coteaux. Il a voulu son indépendance, sa solitude, ses dérapages. Comme moi j'ai désiré suivre mes rêves de gamin. Protéger, attraper les méchants et porter l'étoile de shérif. On a choisi notre couleur sur l'échiquier. Mais, à chaque fois, je le titille. J'avance masqué, le nez dans mon verre en quête d'un quelconque arôme. Je tente un énième contrepied. « Le "nain", quelle serait ta vie aujourd'hui si tu avais repris l'exploitation familiale ? » À chaque fois, il me voit venir. Il croit que je veux jouer à l'éducateur, à l'assistante sociale, que je veux le remettre dans le droit chemin. Il lève son verre, admire sa robe sombre dans la lumière. Fait délicatement tourner le vin à l'intérieur avant de le porter à sa bouche. Et de le boire. Cul sec ! Avant de répondre :

« Ivrogne, je serais devenu un ivrogne. Parce qu'il y a que comme ça que je me serais senti libre. »

La voiture puissante roule à vive allure dans les rues de Lyon. Le joint tourne entre le chauffeur et ses deux passagers. Ça fume, ça parle fort, ça brûle les feux rouges. Rien de grave. À cette heure avancée de la nuit d'octobre, les rues sont désertes. Les Lyonnais n'aiment pas les rues gelées. Entre Rhône et Saône on aime le confort discret des alcôves des vieux appartements bourgeois. Il fait trop froid pour mettre un flic dehors. Le passager arrière prend une puissante bouffée et souffle lentement en s'enfonçant profondément dans la banquette arrière. Il profite. La fumée envahit l'habitacle. Elle se dissout dans son corps. Elle descend dans sa gorge. Il la savoure. C'est chaud, doux et amer en même temps. C'est bon. Il perçoit la discussion entre ses deux potes comme à travers un oreiller ouaté. Il sourit. Il n'entend que des bribes de phrases et des rires. Il est déjà loin. Très loin des quatre murs de la maison d'arrêt de Villefranche-sur-Saône. La voiture ronronne sous l'impulsion de l'accélérateur. Le chauffeur est un esthète de la conduite. Un amoureux du volant. Un champion du monde de la conduite en ville. Il a confiance. Il peut somnoler tranquille et rêver. Depuis 15 jours il est en permission de sortie. Il n'a pas réintégré sa cellule 32.

Cinq ans déjà qu'il purge sa peine pour vols à main armée. Sacrés braquages. Quatre banques en deux mois. Il a pris 40 000 francs et sept ans aux « assiettes ». Il en a déjà fait cinq. Pas trop cher payé. Ç'aurait pu être pire. D'autant qu'il n'a pas balancé ses potes. Devant les keufs ou le juge, il n'a rien dit. A fermé sa gueule. A protégé ses frangins. A sauvé sa vie surtout. Sont pas du genre rigolo, ses complices. Dieu sait ce qu'ils auraient fait s'il les avait balancés. Mais c'est pas le genre de la maison. On lui a toujours appris à se taire. Un bon braqueur, c'est un braqueur silencieux. Ou mort. Depuis cinq ans, il se tait au fond de sa cellule 32.

Cinq ans, 60 mois. Ça fait combien de jours, ça ? 1 825 ! Il en a un peu marre de la cellule 32. 1 825 jours qu'il vit dedans. Qu'il vit avec. 1 825 jours que cette pièce triste et froide est devenue le centre névralgique de sa vie. Tout tourne autour d'elle. La nuit, le jour, le froid, le chaud, la pisse, la merde, la bouffe, les promenades, les rêves. Le cauchemar. Tout part et tout finit dans sa putain de cellule 32. C'est son avenir, son seul horizon. S'il pouvait, il la dégueulerait, la cellule 32. Il la vomirait par tous les pores de sa peau, la chierait par tous les trous de son corps. 1 825 jours qu'il essaye d'occuper ses journées d'un peu de télé, d'un peu de lecture, d'un peu de musculation, d'un peu d'ennui. Beaucoup de rien dans la cellule 32. Beaucoup trop. Il la connaît par cœur. Il a eu le temps en cinq ans, 1 825 jours. Il l'a vue sous tous les angles. Sous toutes les coutures. L'image le fait sourire, sa cellule cousue dans une toile. Avec des fermetures Éclairs et des moustiquaires aux petites fenêtres, comme une tente de camping. Et pourquoi la prison ne serait pas un immense camping où les détenus planteraient chacun leur tente ? Sûr qu'il y aurait moins d'évasions.

« Putain, depuis quinze jours je suis un évadé ! Je la connais la loi. Celui qui ne réintègre pas la maison d'arrêt à la fin de la permission de sortie, c'est un évadé ! Sans échelle, sans lime, sans corde et sans violence, je me suis évadé. Trop classe. Suis trop fort. Merci, la permission de sortie ! J'en pouvais plus de la cellule 32. En tente ou en caravane, entre quatre murs en brique ou en béton, je ne les aurais pas faits, les deux ans qu'il me reste. Deux ans, 24 mois. Ça fait 730 ! Je n'aurai jamais réussi à dormir encore 730 nuits sous la tente de mon emprisonnement. Avec ou sans couture… » Kamel se marre. « Faut que j'arrête la "beuh", je commence à délirer, moi. »

Il se tait et se laisse conduire par ses chauffeurs. Les deux cousins sont de sa cité. Le copilote est un peu glandeur, un peu rasta. Il prétend descendre de Bob Marley, le con. Un peu menteur, oui ! Mais, c'est lui qui a amené la beuh et fait tourner. Elle est bonne. Ces deux-là ne sont pas vraiment des amis, pas complètement des proches, juste des gars avec qui il aime sortir, boire des verres, fumer de la « beuh » et draguer un peu les gonzesses, quand même. Lui est complètement raide dingue de Salima, une jeune femme de dix ans sa cadette, rencontrée à son avant-dernière permission de sortie. Elle est tellement jolie, fraîche et drôle. Il n'a pas résisté longtemps. Ça tombe bien, elle non plus. Ils se sont embrassés. Ses lèvres ont un goût sucré. Fantastique. Il a encore le goût sur les siennes. Salima s'est laissé séduire par ce type, un peu « tchatteur », un peu baroudeur, un peu plus vieux qu'elle. Il l'a fait rire en lui racontant des histoires à peine croyables de voyous et de flics. Ça la change de tous ces blaireaux de son âge, à peine sortis de l'adolescence, qui se vantent en parlant haut et fort, la casquette de travers, le survêtement et les Nike de couleur, logo de luxe en bandoulière. Pire qu'un uniforme, des clones. Tristes.

Kamel se voit déjà lui passer la bague au doigt quand la porte de la prison se fermera définitivement derrière lui. Retrouver une sérénité, construire sa vie. Et pourquoi pas des enfants ? Salima, elle est différente. Il veut qu'elle soit son avenir. Il ne sait pas qu'elle sera sa chute. C'est à elle qu'il pense, calé au fond du fauteuil arrière de la voiture, conduite un peu trop vite par son pote. Le seigneur de la route. Trop obsédé par la pensée des formes généreuses de la future femme de sa vie, il ne pense même pas à dire au conducteur qu'il faut ralentir, qu'il n'a pas réintégré la maison d'arrêt, que c'est un évadé et qu'au moindre contrôle des flics, il est mort ! Les rires gras fusent dans la voiture. La musique aussi. La « beuh » commence à faire effet. Le conducteur, pris dans l'ambiance et le nuage de fumée, ne voit même pas qu'il vient de franchir un feu rouge. C'est rien. Une broutille. Le dixième de la soirée. Une infraction d'une banalité affligeante. Qui n'a pas échappé à l'équipage de la BAC posté au carrefour, et qui décide de procéder au contrôle.

« Merde, les keufs ! » Le Mozart de la conduite s'arrête, obéissant aux injonctions des policiers. Le rasta a juste le temps de jeter la cigarette artisanale par la fenêtre ouverte. Avec des grands moulinets il tente de transformer ses bras en ventilateur pour évacuer la fumée et l'odeur qui planent dans l'habitacle. Le passager arrière commence à s'inquiéter. En cas de passage de son nom au fichier, il va être immédiatement interpellé et reconduit en maison d'arrêt. Pour terminer sa peine. 730 nuits à se morfondre dans sa solitude. À cet instant, il regrette presque de ne pas être retourné dormir en prison. Il préfère sa cellule 32 à la vue des flics. Il n'aime pas les flics. Leur contrôle au faciès, leur façon d'être, de se la « péter », de se comporter en cow-boys, de bouger, de vivre. S'il peut les éviter, il préfère.

Mais le lit de Salima est tendre, si moelleux, il en a profité jusqu'au bout. Le plus longtemps possible. Elles sont trop courtes, ces permissions de sortie. Et si rares. Maintenant il est trop tard. Il bouge sur son siège, se cale au fond pour se faire discret. En tant que passager arrière, il peut toujours espérer ne pas être contrôlé, ou au moins ne pas être passé au fichier. Il attend. Fébrile, mais calme en apparence.

Les trois policiers en civil porteurs du brassard orange « police » s'approchent de la voiture. Ils respectent les consignes de sécurité. Une procédure rôdée. Les deux premiers contrôlent le chauffeur et le passager avant, pendant que le troisième reste en protection, légèrement en retrait, selon la méthode de la triangulation. D'une main ils tiennent la lampe torche, leur servant à éclairer le visage des occupants et l'intérieur de la voiture et d'une autre les papiers qui leur sont présentés. Le policier légèrement en retrait a sa main sur son arme, surveillant ce qui se passe sur le contrôle et l'environnement extérieur. Calme aujourd'hui. Pour l'instant. Mais on ne sait jamais.

Le contrôle du petit prince du volant et de son passager avant, le roi du « oinj », est terminé. Tout est en règle. Les policiers doivent être enrhumés par le froid régnant ou ils n'ont pas voulu sentir l'odeur du haschich. Un délit si peu poursuivi. Avant de partir, ils jettent un dernier faisceau de lampe dans la voiture. Il s'arrête sur le visage de l'homme assis derrière, silencieux, qui tente un léger sourire un peu crispé. « Et le monsieur, il a ses papiers ? », demande le chef de bord. L'homme sort de sa poche arrière de pantalon une vieille carte d'identité jaunie par le temps, abimée par le frottement irrégulier de la toile de jean. Ce dernier la récupère et commence à la lire. Il épelle à voix haute le nom de l'homme. « Vous vous appelez Kamel… » L'homme acquiesce. Et perd les pédales. D'un coup, il ouvre la portière, se met à courir comme un fou. Une seule obsession, ne pas retourner en cabane ! Il n'a pas attendu de savoir si le policier allait passer son nom au fichier, le simple fait que ce dernier soit prononcé par les « keufs » l'a fait paniquer ! Il s'est vu les fers aux pieds, retour à la case prison, cellule 32 ! Alors il court. Il ne sait pas où, mais il court. Loin des flics qui tiennent entre leurs mains sa carte nationale d'identité. Loin des 730 jours qui lui restent encore à tirer à la maison d'arrêt de Villefranche-sur-Saône.

Les policiers sont surpris par cette réaction. L'intervention banale change d'intensité. Le contrôle routier devient tendu, agressif. Un homme a pris la fuite. Personne ne sait pourquoi, mais s'il s'échappe, c'est qu'il a quelque chose à se reprocher. Forcément. Les deux premiers policiers intervenants ont réagi vite. Ils ont figé la situation dans la voiture. L'as du volant et le cousin de Bob Marley sont rapidement menottés. Ils râlent. Ils s'en sortaient à si bon compte. Quel con ! Qu'est-ce qu'il lui a pris de se mettre à courir comme ça ?

Le troisième gardien de la paix court derrière Kamel. Moins bon coureur que le flic entraîné qu'il a aux trousses, il se fait rattraper. Il peste. Il aurait dû pratiquer plus la course à pied. Mais dans la cellule 32, le parcours est limité. Il aurait peut-être dû fumer un peu moins de chichon, aussi ! Kamel l'a compris, en longue distance, il n'a aucune chance. Épuisé, mais lucide malgré tout ce qu'il a fumé, il se met à l'abri derrière une voiture en stationnement et hurle. Hurle qu'il a « les flics au cul », qu'ils vont le serrer, l'embarquer, le mettre au trou. Dans ce quartier, les habitants ne sont pas des fans inconditionnels de la police, malgré le froid ambiant et l'heure tardive le résultat est immédiat : la foule s'approche. Les gens se massent. Kamel continue d'alerter du monde. Le policier de la BAC ne sait plus quoi faire. Continuer à pratiquer ce jeu stupide, consistant à tourner autour d'une voiture, n'a aucun sens. Quand il part à gauche, Kamel s'enfuit de l'autre côté. Il y a toujours cette caisse entre eux. Trop risqué à escalader. Possibilité de glisser ou de chuter. Il faut faire quelque chose. Il ne peut pas continuer à courir en rond de cette façon. On n'est pas au jeu de la chaise musicale : quand la musique s'arrête tout le monde s'assoit, celui qui reste debout a perdu ! Il ne peut pas non plus sortir son arme, solidement ancrée et enchainée à son étui de ceinture. Personne n'est en danger. Aucune raison de la sortir. Encore moins d'en faire usage.

Il tente de raisonner Kamel. Lui explique l'inutilité de sa démarche. Mais il n'entend rien. Kamel n'écoute pas les flics. Jamais. Encore moins maintenant. Il ne sait qu'une chose, il ne veut pas retourner à la "rate". Il est plongé dans sa folie de la fuite. Persuadé que sa seule issue est de ne pas se faire arrêter. Il continue de crier, espérant que se soulève la foule en sa faveur. Cinq ans qu'il se tait. Il a de quoi hurler.

Il va débloquer la situation. Il arrête d'utiliser la voiture comme bouclier. Il a repris du souffle. Il se remet à courir. Le policier n'hésite pas, se remet à ses trousses. Les cris de Kamel n'ont pas suffi à convaincre la foule. Personne n'intervient. Le gardien le rattrape rapidement. Les heures passées à la musculation et au footing lui servent. D'un plaquage il le fait tomber. Kamel est habité par l'énergie du désespoir. Il ne se laisse pas faire, se débat. Le jeune flic ne s'attendait pas à une telle réaction. Kamel, physiquement, n'a rien d'un « Golgoth », mais il est animé d'une rage, celle que donne le refus de l'emprisonnement, le goût de la liberté. Au sol, il se bat avec le policier.

Le gardien de la paix maîtrise enfin Kamel. Il sort ses menottes pour l'empêcher de bouger. Il est assis sur lui. Kamel continue de se débattre comme un poisson pris dans un filet. Le collègue lui attrape le poignet droit et tente de lui passer les pinces. La main gauche de Kamel glisse le long de la jambe du policier. Remonte jusqu'à son bassin. Elle se dirige vers la crosse de l'arme enfoncée dans le holster de ceinture du flic. Il l'agrippe. La tient fermement, la retire d'un coup sec de l'étui. En deux secondes, Kamel a renversé la situation. Il tient dans sa main le Manurhin MR 73, chargé de six cartouches 357 Magnum, du policier. Dans l'action, il a arraché la sangle reliant la crosse de l'arme à son étui.

« Ne tire pas, s'il te plaît, ne tire pas… j'ai deux enfants, une petite fille, un petit garçon, ne tire pas ! » Le jeune gardien de la paix est tétanisé, apeuré. Rien dans sa formation ne l'avait préparé à une telle situation. Il est allongé au sol, sur le dos, essayant difficilement de ramper en s'aidant de ses coudes. Il ne va pas mourir maintenant, comme ça, à cause d'un banal contrôle routier ? Pour un feu rouge ? Le jeu n'en vaut pas la chandelle. C'est ridicule. Debout devant lui, Kamel, les yeux enfiévrés, le souffle court, le menace avec sa propre arme de service. Les cris de supplication du policier ? La peur de commettre l'irréparable ? Un éclair de lucidité dans son esprit embrumé par les volutes de cannabis ? Quand Kamel appuie sur la gâchette, le coup frôle le policier. Près de son visage, tout près. Mais ne l'atteint pas.

Kamel hébété regarde la scène. Le flic devant lui ne bouge plus. Abasourdi par la détonation, tremblant de peur. Les deux autres policiers arrivent en courant. Ils ont stoppé net leur course. Une détonation en pleine ville. D'où vient-elle ? Qui a tiré ? Sur qui ? Ce n'est plus un contrôle routier, c'est Beyrouth ! La panique. La foule amassée par Kamel leur désigne l'endroit où s'est déroulée la bagarre. L'histoire n'est plus la même, il y a eu un coup de feu. Ce n'est plus un flic qui essaye d'attraper un petit délinquant, c'est un criminel qui n'a pas hésité à tirer sur un policier. Avant de prendre la fuite. Les deux policiers se penchent sur leur collègue, persuadés qu'il n'est plus en vie. Livide, complètement statique, incapable de prononcer un mot. Il a vu la mort. De si près. Elle est passée à trois centimètres de son visage. Il a senti son souffle chaud lui caresser la joue. Elle lui a tendu la main. Il ne l'a pas saisie. Il en sera marqué toute sa vie. Désormais, plus rien ne sera comme avant. Sa vie a basculé au moment où il s'est fait arracher son arme et tirer dessus par un fuyard sur un banal contrôle.

« Qu'est-ce qu'il a fait ?, articule-t-il péniblement.

– On ne sait pas. On ne comprend pas… Il n'aurait pas réintégré la maison d'arrêt.

– C'est tout ?

– À priori, oui ! »

Éberlué, cette peur au ventre qui ne le quittera plus jamais, le gardien murmure : « Tout ça, pour ça ? »

Cette question de Claude Lelouch, nous nous la posons à la brigade criminelle quand nous héritons du dossier. L'infraction principale retenue est : tentative de meurtre sur agent de la force publique. Nous n'avons pas trop le temps de nous interroger, ni même de savoir comment va le collègue de la BAC victime du coup de feu. Un seul objectif : mettre la main sur Kamel H. Nous avons un avantage, nous savons qui il est exactement : il a eu la délicatesse de laisser sa carte d'identité entre les mains des policiers.

Serge, mon chef de groupe, organise les opérations. Il monte plusieurs équipes d'interpellation et organise des « tombées » partout où Kamel H. est susceptible de s'être réfugié. Parents, frères et sœurs, vieux complices et chez la belle Salima. Elle avait demandé une autorisation de visite pour aller le voir en prison, elle a été vite logée. Toutes sont négatives. Kamel H. est introuvable. C'est le début de sa cavale. Serge, en vieux routier des affaires criminelles, sait qu'on ne mettra pas la main sur Kamel H. demain. La traque va être longue et dangereuse. Kamel H. n'est pas un « lapin de six semaines ». Son incarcération à la maison d'arrêt de Villefranche-sur-Saône pour les affaires de braquage n'est pas la première. Il a un joli palmarès. Un pedigree respectable. Il a des relations dans le monde de la voyoucratie et a conservé le revolver du policier. Cinq cartouches encore dans le barillet. Il ne va pas mettre longtemps avant de s'en servir.

Le soir du coup de feu, une femme s'est présentée à l'hôtel de police pour y déposer plainte. Elle venait de se faire braquer sa voiture par un homme seul, porteur d'un revolver, le souffle court, les yeux exorbités. Une forte odeur de fumée sur lui. Nous lui avons présenté un album photographique composé de plusieurs clichés d'individus connus des services de police. La photo de Kamel au milieu. Elle n'a pas hésité une seconde. L'a immédiatement désigné. Serge, inquiet, m'a regardé et a annoncé d'un ton prémonitoire : « C'est parti ! »

Tout bon voyou connaît la règle numéro un : en cavale, il ne faut jamais rentrer en contact avec ses proches. Tout bon flic connaît la règle numéro deux : les voyous réussissent rarement cet exploit ! Surtout quand on est jeune, fougueux et très amoureux. Règle numéro trois : pour chercher l'homme en fuite, trouver la femme. Pour Aragon, la femme est l'avenir de l'homme ; pour les voyous en cavale, la femme est la chute de l'homme. Justement, Serge a reçu et auditionné la belle Salima. Tandis que nous la regardons quitter le couloir de la crime de sa démarche chaloupée légèrement provocante, Serge me glisse le numéro de téléphone de la belle, et me dit : « Franchement, toi, une gonzesse avec un châssis pareil, tu la laisserais seule longtemps ? » Je souris. Le soir même Salima est sur écoutes.

Le commun des mortels imagine qu'écouter les gens donne un immense pouvoir. Assurément, mais c'est aussi tellement désolant. Exaspérant. L'étalage des misères humaines, les mensonges quotidiens, les petits arrangements avec la vérité, les mauvaises coucheries et les problèmes bancaires. Plus qu'ennuyeux, consternant ! Très. Et là, nous avons un souci, si nous savons à quoi ressemble physiquement Kamel, nous ne connaissons pas le son de sa voix. Si demain il contacte Salima, il ne va pas se présenter en disant : « Bonjour, mon amour, c'est Kamel ! » Il peut intervenir au beau milieu d'appels consternants de banalités entre Salima et sa mère, sa sœur ou sa meilleure copine. Nous sommes obligés d'être vigilants sur toutes les conversations, quelles que soient leurs durées (et Dieu que les femmes sont bavardes, parfois pires que les hommes !) et de deviner si la voix masculine s'adressant à elle est celle de Kamel.

Les affaires à la crime défilent depuis deux mois. Nous suivons d'une oreille attentive l'affaire « Kamel », tout en travaillant sur d'autres affaires de braquages, d'agressions à domicile et de meurtres. Un service actif de police, c'est comme ce vieux slogan publicitaire pour une grande marque de magasin : il se passe toujours quelque chose. Une affaire chasse l'autre. Peu à peu, un rituel s'est installé. Dès que j'arrive au bureau, je vais récupérer les cassettes audio des conversations téléphoniques de Salima et passe les premières heures de la matinée à les écouter. J'établis assez vite ses habitudes et ses relations. Je reconnais les voix. Le ton aigu de sa mère, celui pleureur de sa copine, les fantaisies de sa petite sœur, la gravité de son père, la voix métallique de la banque quand elle consulte son compte.

Salima ne déroge pas à la règle. Elle a ses habitudes téléphoniques quotidiennes. L'appel à maman juste avant les cours, à papa quand elle est rentrée à la maison, aux copines n'importe quand et aux petits amis de plus en plus souvent. Salima a beau craquer pour Kamel, elle a 21 ans. En BTS d'esthéticienne, elle aime la vie. Elle ne sait même pas où est son amoureux officiel. Loin des yeux, loin du cœur. Des voix d'hommes jeunes appellent de plus en plus souvent sur sa ligne. Les rencontres de Salima posent un nouveau problème. Mais Serge insiste : « Il va l'appeler, c'est sûr ! » « Quand on a une femme dans la peau, on la rappelle toujours ! C'est vrai à tout âge, Christophe, sois vigilant ! » Je n'ai jamais su si cette mise en garde me concernait directement ou s'il m'invitait à encore plus d'attention sur les écoutes en cours.

Mécaniquement, je continue la surveillance téléphonique. Je pose les écouteurs de l'appareil sur mes oreilles et me laisse bercer par le doux ronronnement des conversations sans intérêt de Salima avec ses prétendants. Ils profitent de l'absence du chat pour essayer de séduire la souris et l'emmener danser, voire plus si affinités. Mon Dieu, que l'homme est stupide quand il drague ! Je le sais, je suis un homme. En me faisant cette réflexion, je clique sur le roi de cœur affiché à l'écran de mon ordinateur. Les cartes se mettent à bouger en spirales multicolores devant moi. J'ai remporté ma quatrième partie de solitaire de la matinée. Je bâille distraitement. « Rien de neuf ? », me demande Serge, qui me voit plonger dans cette activité débordante ! D'un vague geste de la main, je lui fais comprendre que je m'emmerde grave, quand soudain je me redresse. Je n'ai jamais entendu jusque-là cette voix masculine. Elle n'est pas celle d'un jeune adulte à peine pubère. Plus profonde, plus mûre. J'éteins le jeu de cartes qui défile sur l'ordinateur. Me concentre. Rembobine la cassette, réécoute. L'appel est bref. À peine une minute. C'est court. Pourtant, dans la façon et les termes que l'homme emploie pour se présenter à Salima, « Salima, c'est Alain… tu te souviens, Alain ? » je comprends qu'il s'agit de notre homme. Excité, je fais écouter cette conversation à Serge. « C'est notre homme !

Deux qualités du flic : patience et persévérance ! Règle numéro un, Christophe : le vieux chef a toujours raison ! », sourit malicieusement Serge. Nous venons de marquer des points. Kamel, épris de Salima, est prêt à briser les règles de la cavale. Deuxièmement, nous savons quelle fausse identité il emploie. Troisièmement, nous connaissons sa voix. Il ne reste qu'à identifier la provenance de l'appel du soi-disant « Alain ». Le résultat n'est pas surprenant. « Kamel-Alain » a encore du bon sens. L'amour ne lui a pas fait perdre toute lucidité. L'appel est passé d'une cabine téléphonique.

Le jeu du chat et de la souris commence. Il va durer plusieurs mois. Reconnaître la voix d'Alain. Localiser les cabines d'où il contacte Salima. Dans le Nord, à Strasbourg, sur la Côte d'Azur, et même en Lozère. De quoi réviser sa géographie. La bougeotte : la maladie du voyou en cavale. Les appels répétés à son amoureuse nous permettent de suivre son tour de France. Quand on a une femme dans la peau… À plusieurs reprises, nous essayons de monter des dispositifs de surveillance et d'interpellation. Le temps que la cavalerie se mette en marche, nous arrivons trop tard. L'homme ne reste jamais au même endroit. Et nous avons d'autres affaires à traiter.

À l'occasion d'un appel d'une cabine située dans une petite ville à côté de Lille, Kamel-Alain plaisante avec Salima. Il lui raconte qu'il déjeune avec des « keufs » du commissariat local dans un de ces restaurants-bars qu'affectionnent autant les flics que les voyous ! Ça le fait marrer de flirter avec le danger. Il se moque des flics, incapables de l'identifier à l'autre bout de la France. En urgence, une photo du fuyard est envoyée au service de police de la ville en question. Le major de police L. le reconnaît. Il confirme qu'il a déjeuné et même plaisanté avec lui. Mais Alain n'est jamais revenu manger dans ce « boui-boui ». Du retard à l'allumage, un manque de coordination, l'œil suspicieux du major L., Kamel a quitté la ville. Il a titillé notre susceptibilité. Fallait pas.

La règle policière numéro un : le vieux chef a toujours raison, reste d'actualité. Kamel continue d'appeler Salima. Il l'a dans la peau. Le cœur et toutes les autres parties de son corps. Totalement. Il la recontacte tous les jours. Presqu'un rite. Pour notre plus grand bonheur, pour son plus grand malheur ! Il se languit d'elle. Sa cavale dure depuis quatre mois. Quatre mois sans la voir, la toucher, l'étreindre, la respirer, lui dire des mots tendres à l'oreille, mordre ses lèvres pulpeuses, l'embrasser à perdre haleine, et plus encore… Son imagination ne suffit plus, il veut la voir. Nous suivons son périple grâce à la localisation des cabines téléphoniques, il n'a aucune raison de penser que nous l'avons identifié. Il doit suivre l'actualité lyonnaise et constater qu'entre Rhône et Saône, les flics ne chôment pas. Kamel va braver tous les codes de sécurité de la cavale. Pour la première fois, il donne rendez-vous à Salima. Un vrai rendez-vous amoureux, comme dans ces vieux films d'espionnage. Quand une femme se retrouve au cœur d'une traque policière, elle a l'impression d'être une héroïne hitchcockienne. Surtout quand son héros est seul contre tous. Salima accepte. Elle n'a rien à craindre. Elle va revoir son amoureux officiel. Vivre des moments d'intense excitation, comme seule la clandestinité en procure. Kamel-Alain l'a prévenue. Il l'attendra à la sortie de ses cours de BTS, à bord d'une Peugeot 205 blanche immatriculée en « 26 ». Ce n'est plus de la précision, c'est presque de la bêtise. Ces indications sont des détails précieux. Tout ce qu'il nous fallait pour mettre en place le comité d'accueil. La marque, la couleur et quasiment l'immatriculation du véhicule utilisé par le fuyard. Sinon, comment reconnaître Kamel après quatre mois de cavale ? A-t-il la même coupe de cheveux, porte-t-il une moumoute, s'est-il fait pousser des moustaches ? Avec ces précisions, nous avons tout. « Tu ne vas pas être tout seul à ton rendez-vous amoureux, Kamel. Y'aura du monde pour te tenir la chandelle. Et te passer les pinces. »

Serge réunit la crime et compose les équipes d'interpellation. Un sous-marin, deux véhicules banalisés, une moto. Serge ne lésine pas sur les moyens. Le type est dangereux, il l'a déjà démontré. Et puis, des retrouvailles amoureuses, ça se fête ! Plus on est de fous, plus on rit. La stratégie est simple. La moto circule dans la rue du BTS, repère la Peugeot 205 blanche. Un flic en piéton passe à côté, vérifie qu'il s'agit bien de notre homme au volant, précise s'il est seul et donne le « top » interpellation. Le sous-marin se gare à côté, pour l'empêcher de sortir de son emplacement. Les quatre flics planqués à l'arrière surgissent du véhicule, braquent le fuyard et l'interpellent. C'est carré, simple, efficace. Les autres véhicules sont là en assistance, au cas où… J'ai demandé à Serge à être dans le véhicule d'interpellation. C'est pour ces moments-là que j'ai voulu être flic. Des mois d'enquête, de vérifications, d'acharnement, de désillusions, et l'aboutissement, là, bientôt. L'adrénaline qui monte, fait battre le cœur plus fort. On répète les mêmes gestes. On vérifie son armement. On enfile son gilet pare-balles. On se sourit discrètement. Comme des sportifs dans les vestiaires avant un match. On sait que le combat va être dur, mais on s'est préparé. On a eu le temps. Maintenant on y est. Enfin. On ne peut plus reculer. La libération arrive avec le coup d'envoi : le « top interpellation ».

Tout se passe comme prévu. Le motard repère facilement la Peugeot 205. Seul véhicule immatriculé en « 26 » au milieu d'un flot de « 69 ». Un individu à bord. « C'est lui, sûr ! Comme sur la photo. Il a juste la tête rasée ! », confirme le piéton. Son véhicule garé à l'angle d'une rue. Le collègue précise : « La “205” est de type commercial, je répète : une commerciale ». Le top est donné par Serge, avec fermeté et cette petite crainte dans la voix. Nous sommes quatre à l'arrière du « soum ». Nous nous sommes tous levés. Le brassard « police » en évidence. Armes à la main. Le cœur qui palpite. Chacun pense à ce qu'il a à faire. Jérôme, la main sur le levier de la porte arrière, prêt à ouvrir, prêt à bondir. Des fauves sur leur proie.

Tout se passe vite, on a du mal à comprendre. Le sous-marin stationne en marche arrière sur le côté de la Peugeot 205, lui barrant la route. Le chauffeur hurle « go ! », Jérôme actionne le levier de la portière arrière. Qui ne s'ouvre pas. Il essaye plusieurs fois. Rien. La porte est bloquée. Quelle merde ! Il cherche à la défoncer d'un coup d'épaule. Toujours rien. Derrière lui, énervé, je hurle : « Mais ouvre, bordel, ouvre… » Elle ne cède pas. Il n'en faut pas plus à Kamel-Alain. « Les keufs ! » Tant pis pour Salima. La liberté ou l'amour ? Il choisit. Il la verra une autre fois. Il enclenche la première. Il ne peut pas sortir par la route ? Qu'importe ! Les trottoirs sont larges à Lyon, beaucoup trop larges. Sans hésiter, il grimpe dessus. Slalome entre piétons et poteaux indicateurs et disparaît à l'angle de la rue. Aucun blessé ; un miracle !

Dans le « soum », j'ai pris le relais de Jérôme. Encore un effort, j'appuie sur le levier et donne un violent coup de pied à cette putain de porte. Qui cède. Enfin. Je saute dehors, l'arme à la main, hurle « police ! ». Dans le vide. J'ai à peine le temps d'apercevoir les deux phares arrière de la Peugeot 205 qui vient de tourner à droite, talonnée par la fourgonnette dans laquelle je me trouvais encore il y a une seconde et demi. Le chauffeur pense que nous sommes toujours coincés à l'intérieur et démarre. Il engage la poursuite, annonçant à la radio sa progression. Il y a des moments de solitude professionnelle. Pire qu'une garde à vue ! Je suis seul dans la rue, sans radio, sans téléphone, le brassard police encore plus fluorescent que d'habitude, mon arme à la main, hurlant comme dans un mauvais sketch « police », je me sens seul, très seul… au milieu des étudiants du BTS qui sortent des cours et se marrent en me voyant. Ils me demandent si c'est une caméra cachée de Marcel Béliveau. Je range mes outils de travail et ma susceptibilité. Je cache ma hargne et rentre au service… en métro.

Il y règne une excitation palpable. La tentative d'interpellation a échoué, mais chacun raconte l'événement à sa façon.

« Là, j'ai mis le "bleu" et le "deux tons". Il roulait comme un dingue. On n'arrivait pas à le suivre. On a préféré signaler notre présence…

– Fabrice, il a sorti son arme par la fenêtre, pour lui faire peur, il voulait tirer des coups de calibre en l'air.

– Quand il est passé rue Du Guesclin, angle Lafayette, il était sur deux roues, comme dans les films !

– On le collait à ce moment, il était à côté de nous. J'aurais pu le toucher avec mon bras.

– Jamais j'aurais pensé qu'une 205, ça roulait aussi vite, une commerciale en plus ! »

L'effet tunnel psychologique. Face à un événement exceptionnel, chacun ne se souvient que de ce qu'il a vécu. Tout ce qui est à côté est oublié. Je suis furax. On l'a raté quand même, faudrait pas l'oublier. Serge me reprend : « L'humilité, Christophe. Autre qualité du flic. Ne jamais vendre la peau de l'ours avant de l'avoir tué. On y retourne. T'inquiète, on l'aura. Patience et persévérance : les mamelles de la réussite d'une enquête. » À ce moment, la sagesse policière des anciens m'emmerde. Pourtant, je vais être obligé de reconnaître que Serge a raison. Il est le chef. Règle numéro un.

La Peugeot 205 blanche immatriculée en « 26 » est retrouvée complètement calcinée. Il s'agit d'une voiture volée dans le Nord, faussement immatriculée dans la Drôme, correspondant en tous points à une Peugeot 205 blanche non volée. Une doublette parfaite. « Kamel-Alain » connaît son mémento du voyou en cavale. On fait réparer la portière arrière du sous-marin. Jérôme et moi on s'inscrit au stage de formation « Comment ouvrir une porte de sous-marin sur une interpellation ? » Et je reprends tous les matins le chemin des écoutes. Casque sur les oreilles, solitaire sur l'ordinateur, je replonge dans la vie téléphonique passionnante de Salima. Et j'attends. Une pointe d'agacement au ventre. Ce n'est pas au vieux singe qu'on apprend à faire la grimace. Serge a définitivement raison : quand on a une femme dans la peau, on la rappelle toujours. Un mois plus tard un certain André contacte Salima. Ce changement de prénom ne trompe pas notre sagacité auditive. Si Alain est devenu André, avec un sens de l'imagination très relatif, la voix est la même. C'est notre homme. Nous reprenons notre tour de France des cabines téléphoniques, suivant le périple itinérant du très amoureux « Kamel-Alain-André », et attendons le moment propice pour monter une nouvelle opération. Compte tenu des ratages précédents, nous n'avons plus droit à l'erreur.

Le temps du muguet ne dure jamais, mais la chance sourit aux persévérants. L'air est bon en ce début du mois de mai. Les fleurs s'ouvrent à la vie, les jupes raccourcissent et les apéritifs jouent les prolongations au bar de la crime. Selon une vieille tradition en vigueur au service, on récompense par un « ciseau d'or », le collègue ayant le mieux « taillé » ses camarades. Les professionnels du cinéma ont les César, ceux du théâtre avaient les Molière, pourquoi dans la police on n'aurait pas droit à notre cérémonie de remise de récompenses ? Une récompense décernée et remise entre pairs, pas une prime lâchée par les politiques en fonction des résultats, source de jalousie et de chiffres truqués. À la crime, si l'un d'entre nous s'amuse à travailler moins, soit il part de lui-même, soit il se fait tellement « tailler » par les collègues qu'il finit fatalement par se mettre au travail.

Les ciseaux d'or récompensent celui qui balance le plus de moqueries et railleries sur ses collèges de travail. On ne sait plus s'ils ont été créés pour que le gagnant arrête les vannes ou au contraire pour qu'il continue. La remise de cette récompense a lieu dans le bureau d'un collègue un peu provocateur. Derrière la circulaire « Joxe » interdisant l'alcool dans les services de police, apposée en évidence sur la porte du placard, se trouve le bar. De la bière au whisky, on sirote, sans trop d'abus pour notre santé, des boissons colorées déliant les langues et permettant les vacheries plus ou moins gentilles. Comme je suis rarement en reste d'une boutade ou d'un mauvais jeu de mots, je me fais charrier plus souvent qu'à mon tour pour le temps que je passe à travailler sur ce dossier. « C'est pas Kamel, c'est l'arlésienne, ton dossier ! » « T'es l'inventeur du slogan : je l'aurai, un jour, je l'aurai ! » « Rien ne sert de courir, il faut partir à point, Christophe faudrait penser à partir ! » « Il avance, là, il avance, mais à reculons… ! »

Il est temps que « Kamel-Alain-André » commette d'autres erreurs. Ce matin, je n'ai pas besoin d'identifier la cabine d'où a été passé l'appel quotidien à Salima. C'est la même qu'hier, et avant-hier. Elle dépend d'un camping trois étoiles d'un petit village à quelques kilomètres de Gap. « Kamel-Alain-André » s'embourgeoise. Il ne bouge plus. Les lieux doivent être à son goût ! À l'heure de l'apéro, j'attends que les sempiternelles railleries soient dites, et j'insiste auprès de Serge pour monter une opération au camping. « Il est comme nous Kamel, il a envie de profiter du soleil et des barbecues. Il a dû se trouver un petit bungalow sympa, il doit y être super bien. Il faut qu'on se décide, vite ! On connaît l'oiseau, un rien le fait changer de nid ! »

Serge est convaincu. Il rend compte à la haute hiérarchie. Il est un peu obligé d'insister, de parlementer, de démontrer. Ça a toujours un coût d'envoyer des policiers à 300 kilomètres de leur base. Le transport, l'hôtel, la nourriture ! Sans parler de la dangerosité potentielle de notre homme. La hiérarchie s'inquiète. On ne peut même pas savoir combien de temps durera la mission. Un jour, deux, une semaine ? Les finances policières ne le permettent pas. Serge avance l'argument massue : « Mais il n'est pas question d'hôtel. Ils logeront sous la tente, au camping. Si on veut que la mission se passe bien, il faut aller au plus près de la cible. On envoie Jérôme et Christophe en éclaireurs, déguisés en campeurs, sacs à dos, sacs de couchage, et gamelles. La panoplie complète du parfait randonneur. L'illusion doit être parfaite ! Ils repèrent notre homme, nous appellent et en deux heures de temps on est sur place pour l'interpeller ».

À bord de notre voiture faussement immatriculée en « 75 », avec Jérôme, nous avons arrêté de parler. On vient de franchir l'entrée du camping. Nos sacs à dos en évidence à l'arrière de la voiture. Les chaussures de marche et les gourdes accrochées au sac. Avant de partir, Serge nous souhaite bon courage et nous dit :

« Les yeux !

– Quoi, les yeux ?

– Si vous le reconnaissez, ne le dévisagez pas. Ne le regardez pas fixement dans les yeux, chez les flics, ce sont les yeux qui nous trahissent ! »

Le soleil brille dans les Hautes-Alpes, Jérôme et moi nous avons mis nos lunettes de soleil. En descendant le chemin menant à la réception, je repère un groupe de trois cabines téléphoniques. Jérôme hoche la tête. Il les a vues aussi. Nous nous garons sur l'emplacement réservé aux nouveaux arrivants. Un homme sort de l'accueil. La trentaine, mince, athlétique, cheveux courts, presque rasés. Le regard méfiant. Très. C'est à peine croyable. Je regarde Jérôme. Interrogatif.

Il opine la tête, me murmure : « C'est lui ! » Il souffle : « Deux jeunes cadres parisiens en vacances dans les Hautes Alpes pour faire des randonnées ! » Tu penses, si je m'en souviens. Je lui fais un signe. « Les yeux, vieux, les yeux ! »

Le malaise perceptible a duré à peine deux secondes. Une éternité. Tout s'est joué à cet instant. L'homme nous a regardés. Qui a dit : « Les yeux sont le miroir de l'âme » ? Je ne sais plus. Franchement, là, tout de suite, on s'en fout. On sent juste que « Kamel-André-Alain » cherche à savoir avec ce regard puissant, noir, planté au fond de nos pupilles, qui nous sommes. Flics ? Voyous d'une bande rivale ? Inoffensifs campeurs ? Doit-il « s'arracher » tout de suite ? Sortir une arme, nous menacer ? Les sacs à dos sur le siège arrière, l'immatriculation parisienne du véhicule, et notre air souriant ont dû avoir raison de sa méfiance. Jérôme et moi sommes dans notre rôle. En vacances anticipées avant le rush de l'été, nous voulons découvrir l'un des plus beaux départements de France. « Oui, à cette saison y'a plein d'emplacements libres. » C'est Kamel lui-même qui nous fait l'article. « Choisissez celui que vous voulez. La piscine est au bout de cette allée, derrière c'est le coin des bungalows. Et pour les balades, le coin en regorge, vous ne serez pas déçus. »

Trente mètres en dessous des cabines téléphoniques se trouvent les premières places. Nous montons la tente en plaisantant. Jouer le jeu. Tout le temps. Ne pas laisser transparaître, même dans la plus anodine des conversations, notre profession. Jérôme ayant plutôt un physique de deuxième ligne de rugbyman, plus en rondeur qu'en hauteur, le terrain étant légèrement en pente, je l'invite à installer son sac de couchage sur le bas. Je préfère que ce soit moi qui aie à rouler sur lui, que l'inverse. Le point de vue est superbe. Sur la gauche, légèrement en contrebas la réception du camping, sur la droite, un peu plus haut, le groupe des cabines téléphoniques. Juste au-dessous de notre emplacement, le chemin reliant l'ensemble. Le piège se referme. Nous avons dressé la tente de contrôle.

Après l'effort, le réconfort. Maillots de bains enfilés, serviettes sur l'épaule, nous filons nous baigner. Cela permet de nous intégrer dans la population du camping et de repérer les lieux. L'objectif est de découvrir où loge Kamel. Il est en train de faire des saltos arrière et des doubles vrilles piquées devant un parterre de trois jeunes femmes admiratives dans la piscine. Nous avons mis huit mois pour le trouver, et depuis notre arrivée, nous ne le quittons plus. Nous lui donnons le change. Un petit signe de tête de reconnaissance, et nous échangeons avec lui ce sourire très machiste qu'ont les hommes entre eux, quand ils apprécient la qualité du public féminin. Pendant plus d'une heure, nous allons partager la même eau bleue. Faire des brasses, quand il crawle. Applaudir à ses plongeons. Notre complicité s'arrête là. Nous le laissons avec sa charmante compagnie. S'il est fou amoureux de Salima, ça ne l'empêche pas d'être très occupé à discuter avec les trois belles. Le cœur a ses raisons que l'envie de séduction semble vite oublier. L'avantage est que nous sommes complètement fondus dans le paysage. Notre présence n'intrigue pas.

Le soir, nous filons à GAP. Dans le premier bar, nous appelons Serge. Il nous précise que depuis notre arrivée, Kamel a appelé Salima. Il ne lui a pas parlé de notre présence. Ni de celle des jeunes filles sur le bord de la piscine. Pas de crainte à avoir. Nous ne sommes pas repérés. Serge a pris la décision de monter avec une équipe en renfort. Ils arrivent. Quelle étrange façon d'être sur un lieu de vacances, pratiquer des activités de loisirs, camper sous la tente, et être au travail. Il y a pire ! Le tout à trente mètres d'un malfaiteur que nous recherchons depuis huit mois, que nous saluons et avec qui nous partageons l'eau de la piscine et les consommations du bar. Cette proximité improbable va durer 48 heures. Serge et l'équipe de renfort sont arrivés. Signe que l'affaire est d'importance, le commissaire, chef de la crime, est présent, ainsi que le commissaire divisionnaire numéro deux de la sûreté départementale.

Un rendez-vous a été fixé par « Acropol », la radio « police », à la brigade de gendarmerie locale. Nous faisons le point devant les deux patrons et Serge. Nous sommes en tenue de campeurs et le reste de l'équipe en « tenue bourgeoise », comme on dit dans le jargon, armés jusqu'aux dents. La scène est comique. Autant de flics dans des vêtements dépareillés, dont certains très gradés, les gendarmes de cette petite brigade n'ont jamais vu ça. Ils précisent avoir avisé leur hiérarchie. Elle est prête à mettre du monde et du matériel à notre disposition. Un hélicoptère est prêt à décoller. Nous déclinons la proposition, pour l'instant nous privilégions la discrétion. L'ambiance est pourtant tendue. Entre le coût du déplacement des dix policiers, la présence de deux patrons, et les précédentes tentatives d'interpellation… On n'a pas intérêt à se planter au moment du serrage, il faut que tout se passe bien. Et vite ! D'autant que nous n'avons pas encore pu « loger » Kamel avec certitude. Les avis divergent. Comme toujours avant une opération, nous nous posons beaucoup de questions. Trop. Mais c'est aussi un gage de sécurité. À quel moment convient-il d'intervenir ? Quand Kamel est à la piscine ? Au bar ? Quand il est dans son bungalow, sous sa tente ? Quel emplacement occupe-t-il ? Est-il seul, accompagné ? S'il a un complice, quelle va être sa réaction en cas d'interpellation ? Nous sortons de cette entrevue avec plus de questions que de réponses. Seule certitude, nous ne pouvons plus reculer. C'est à Jérôme et moi qu'il revient de donner le coup d'envoi des hostilités. Seul réconfort, les renforts sont arrivés. C'est du solide. On peut compter sur eux. Ils ont trouvé une petite grange à 100 mètres du camping, dans laquelle ils sont planqués. Un tour de garde a été mis en place. Le veilleur tient à proximité « l'Acropol » portatif. Dès le « top interpellation », ils déboulent. Fusils à pompe et revolvers aux poings. Le terrain va en décider autrement. Comme souvent. Avant de m'endormir sous la tente, je vérifie le fonctionnement de la radio. Tout est ok. Un pressentiment : je ne sais pas où, je ne sais pas comment, mais c'est pour demain.

Ah, les joies du camping ! Entre mon duvet qui me tient chaud et l'état du terrain qui fait rouler mon corps contre celui de Jérôme que rien, jamais, n'empêche de dormir, comme l'attestent ses ronflements réguliers, mon sommeil est haché. Le matin en ouvrant la tente, je dis à Jérôme : « Heureusement que j'ai choisi la position haute, vu ton poids, je n'aurais pas fermé l'œil de la nuit ! » Un grognement m'indique qu'il est réveillé. Je finis à peine d'ouvrir la fermeture Éclair de ma tente que je vois « Kamel-Alain-André » passer dans l'allée. Il quitte la réception et prend la direction des cabines téléphoniques. Il est matinal. Il m'aperçoit et me fait un petit signe de tête.

« Jérôme, secoue toi, il va téléphoner. Seul. C'est le moment ! » Pour un ours grognon réveillé en sursaut, Jérôme est agile. Et rapide. En deux secondes, il est sur pattes. J'ai récupéré « l'Acropol » et l'allume en urgence. Je tente d'appeler les renforts, la radio ne passe pas. Eternel problème du réseau « police ». J'enrage. Pas maintenant. Pas encore. Jérôme me fait signe de me dépêcher. J'essaye encore, toujours rien. La porte arrière du sous-marin qui ne s'ouvre pas me revient en mémoire. Tant pis pour les consignes, on va improviser. On ne va pas laisser filer notre chance sous prétexte d'un énième problème matériel. Je jette la radio et rejoins Jérôme. Nous marchons côte à côte en direction des cabines. Kamel est dans l'une d'elles. De nous voir à cette heure matinale marcher vers lui, il a un doute. Son regard a changé d'intensité. Notre attitude n'est pas normale. Nous n'avons aucune raison de venir si tôt, à deux, téléphoner. Mais il est coincé. Il n'a que deux options, redescendre et nous croiser, ou tenter de s'enfuir en courant par la sortie. Pourquoi s'enfuir ? Il raccroche. Regarde vers le haut, rien. Se tourne vers nous. Nous observe. Nous sommes là depuis 48 heures, nous lui avons parlé, souri, nagé dans la piscine. Nous avons eu dix fois l'occasion de l'interpeller. Nous ne sommes que deux et si Jérôme est typé deuxième ligne au rugby, je joue plutôt ailier, catégorie poids léger. En définitive, peu de raison de se méfier de nous. Il sort de la cabine et prend la direction de la réception. Il va nous croiser dans cinq secondes.

« Elle ne marche pas la cabine ? », demande Jérôme innocemment. Kamel essaye d'envisager une réponse. Il se tourne vers les téléphones « Si, si… mais… » Et soudain il reçoit le placage dévastateur d'un rugbyman grognon ayant ronflé toute la nuit. L'effet est radical. Kamel est au sol. Allongé sur le dos, avec sur lui Jérôme et ses presque cent kilos. Fidèle à ses habitudes, Kamel se défend comme un diable. L'effet de surprise est pour nous. Je ne suis pas en reste, j'ai sauté également sur Kamel. Quand Jérôme le serre au niveau de la taille, je le maintiens au niveau du buste. Il ne peut plus bouger ses mains et tenter de nous désarmer. J'ai immobilisé fermement ses bras au-dessus de sa tête, nous n'avons ni arme, ni menottes sur nous. La leçon du collègue nous a marqués. Jérôme et moi crions, hurlons, gueulons. « Police, c'est la police tu ne bouges plus. T'es fait, Kamel. T'es fait ! Serge… Serge on l'a ! » Nos cris ont remplacé efficacement « l'Acropol ». Aucun problème de réseau entre nous et la bergerie. Nous voyons arriver Serge en courant. Le premier. Dès qu'il a entendu crier, il a compris. Il a foncé, brassard « police » et fusil à pompe à la main. Je vois encore son visage souriant, presque enfantin. Content, tellement content, pour le collègue qui s'est fait tirer dessus, pour nous qui l'avons serré, pour lui, qui à l'aube de sa retraite vit encore une belle aventure policière.

Kamel se laisse finalement faire. Quand il voit arriver tous les renforts armés, il comprend que sa cavale vient de prendre fin. Il sourit. « Tout ça pour moi ! Trop d'honneur. » Alerté par nos hurlements, le propriétaire du camping sort, apeuré, et menace d'appeler les gendarmes. Ça tombe à pic, les pales de l'hélicoptère chauffent ! « Qu'est-ce qui se passe ? » Serge lui explique tout. L'homme tombe des nues. Il a pris depuis huit jours Kamel à l'essai, comme employé. Sous un faux nom. Il tombe encore plus bas quand nous perquisitionnons le bungalow propret qu'il a mis à sa disposition. Pistolet, revolver (du collègue !), fusil à pompe et même une grenade. Des brassards « police », des liasses de billets dans des sacs plastiques, des cagoules, deux casques de moto. Des documents sous différentes identités, avec sa photo. Et pour agrémenter l'ensemble : deux paires de menottes. Heureusement que nous n'avons pas essayé de l'interpeller à « dom » (au domicile), on risquait de rejouer Fort Alamo. Le propriétaire du camping s'écroule. Son lieu de villégiature, un repaire de voyous !

Une moto de grosse cylindrée s'arrête devant le bungalow. Le conducteur, assez jeune, ne nous a visiblement pas identifiés comme étant des policiers. De l'avantage d'être habillés comme des campeurs ou comme… des voyous ! Nous le contrôlons. Il est surpris. Trop tard. La moto est signalée volée, et le conducteur n'est autre que le fils d'un membre influent du milieu lyonnais, célèbre dans les années 1970. De là à imaginer que pour survivre en cavale, Kamel ait été aidé par des malfaiteurs aguerris, il n'y a qu'un pas. Que le commissaire divisionnaire, numéro deux de la sûreté départementale, n'hésite pas à franchir. Il appelle le préfet pour lui rendre compte de l'interpellation de Kamel, auteur d'une évasion, d'une tentative d'homicide volontaire sur agent de la force publique, de vol de voiture, d'infraction à la législation sur les armes, d'usurpation d'identité, de faux et usage de faux etc. Avec, cerise sur le gâteau, l'arrestation d'un complice lié au grand banditisme sur une moto volée. Je n'avais pas pris conscience que ce dossier était suivi par les hautes autorités. Je faisais juste mon métier de flic avec passion et l'envie de mettre la main sur l'individu qui avait tiré sur le collègue de la BAC.

À la gendarmerie locale où les deux individus sont en garde à vue, c'est l'effervescence. Les gendarmes rappellent leur hiérarchie, ce n'est pas la peine de faire décoller l'hélicoptère. Jérôme et moi sommes surexcités. Toujours en tenue de campeurs, chaque fois que nous nous croisons, nous nous tapons dans les mains. On se raconte 200 fois comment on a interpellé Kamel. Chacun sa version. Effet tunnel. On revit la scène, ou la mime. « Elle ne marche pas la cabine ? » « Si, Si, mais… » Et paf, le placage de l'ours grognon ! Notre effervescence nous rend incapables de participer à la rédaction de la procédure. Serge l'a compris. Il se réjouit pour nous. Il a vécu des moments similaires, il sait notre joie. La délivrance que connaît tout flic après des mois d'enquête, quand il vient d'interpeller l'auteur du crime.

Serge nous appelle. Il est en train d'auditionner Kamel. Ce dernier a demandé à nous voir, Jérôme et moi. Pourquoi ? Que veut-il nous dire ? Serge n'en sait rien. Mais ne s'y oppose pas. Je regarde l'ours. Il acquiesce. On y va. À notre entrée dans le bureau, Kamel se lève, nous tend la main et nous félicite. « Bravo les gars, vous m'avez eu. Quand vous êtes arrivés au camping, j'ai eu un doute. J'ai regardé vos yeux. Vous n'avez pas bougé. Ou à peine, imperceptiblement ! Et puis j'étais bien, ici. Trop bien. D'habitude, dès que j'ai le moindre doute, je m'arrache. C'est le confort, les gars. Le confort embourgeoise, et après on perd ses réflexes. Bravo, vous avez su en profiter. Félicitations ! » Et Kamel nous serre la main, sincèrement. Ça ne m'est plus jamais arrivé. Plus tard, c'est la police des polices qui refusera de me serrer la main. Les temps changent. Les mentalités aussi.

C'est Serge qui a reçu le collègue de la BAC pour lui expliquer comment on avait interpellé Kamel. Il nous a remerciés, vraiment ému. Ce n'est pas tant de savoir que l'homme ayant tiré sur lui était sous les verrous qui l'a soulagé, c'est l'obstination que nous avons mis pour l'attraper. Pour lui, une reconnaissance vis-à-vis de son action initiale. Pour nous, le moins que l'on pouvait faire pour une victime, surtout un collègue premier intervenant sur la voie publique. D'émotion, il a même pleuré. Parce qu'on n'est pas entré dans la police pour se faire tirer dessus. Parce que cette fois-ci, il s'en était sorti, marqué à vie par cette fragilité que connaissent tous ceux qui ont vu la mort de près. Parce qu'il pouvait de nouveau exercer son métier mais avec cette peur au ventre au moindre contrôle routier, qui ne le lâchera jamais.

Il nous a serré chaleureusement la main. C'est la poignée de main que j'ai préférée.

C'est pour des moments comme ceux-là que j'aime ce métier.

Passionnément.

Définitivement ?

Jusqu'où ?

Henri

20 décembre 1996 – à l'hôpital

Le réveil a été long et douloureux. Mais le blanc et le silence de sa chambre d'hôpital lui donneraient presque envie de refermer les yeux. Les infirmières lui murmurent le bilan de la fusillade. Une balle dans le ventre, une dans le dos. État stable, de la chance. Beaucoup de chance. Du courage, monsieur le policier, beaucoup de courage. Vous ne faites pas un métier facile. Sa femme attend à l'extérieur, elles vont l'appeler. Il demande des nouvelles de ses coéquipiers. Ils sont là, eux aussi, dans le couloir. Il demande sa montre. 18 heures. C'est con comme question. Mais il avait besoin de savoir. Combien de temps depuis le début de l'intervention ? Combien de temps pour se prendre une balle ? Combien de temps pour échapper à la mort ?

Il se départirait volontiers de son rôle de héros. Tant de collègues mortellement blessés lors d'interventions. Promus par décret au grade supérieur à titre posthume. Une minute de silence, des fleurs blanches et des condoléances du ministre de l'Intérieur. Les syndicats hausseraient certainement le ton et occuperaient la scène médiatique. Manque d'effectifs, de moyens, dégradation des conditions de travail et manque de considération de la population. Les syndicalistes reprendront le micro. « Pour les policiers, c'est la mort ou la prison, à quand une présomption de légitime défense ? Pourquoi, lorsque ça se passe mal, on rend les flics responsables ? » Un leitmotiv tellement entendu.

Des courbes et des graphiques montrent l'évolution des chiffres depuis 10 ans. Les rectangles bleus, au milieu, ce sont les flics morts en service. 22 cette année : 8 policiers et 14 gendarmes. Les rectangles roses représentent les blessés. Il est là avec les 13 418 autres. Il replie le journal et regarde sa perfusion s'écouler. Une manifestation policière sera certainement programmée, la mobilisation allait débuter. Il essayera de s'en remettre. Physiquement, du moins. Dans quelques jours, il sera à la maison et veillera aux devoirs de ses filles. Il répondra aux questions des journalistes, à celles de sa hiérarchie. Il revivra ces douze minutes qui auraient pu lui être fatales. Il devra se justifier, être fort. Et vivre avec.

Le malfaiteur est coincé dans le sas de la Société Générale. Il a deux flingues. L'un pointé sur le directeur de la banque, l'autre vers l'extérieur. Il ne peut pas évaluer la menace avec précision. Il a compris que les flics sont arrivés. Il ne sait pas combien ils sont, ni où ils sont placés. Il est inquiet. Mais il a ses armes avec lui. Il n'hésitera pas à en faire usage si les poulets bougent. Le hold-up qu'il a préparé depuis si longtemps ne se déroule pas comme il l'a imaginé. Pas du tout. Mais il a un plan B. Avec son complice resté dans la banque, qui tient le reste du personnel et trois clients en respect, ils ont prévu un plan de fuite. Si le plan A foire, passage au B. Tout est réglé. Sauf l'imprévu.

C'est jour de fête à la crime de la sûreté départementale du Rhône. Le repas de fin d'année du service est prévu à midi. Ce soir, beaucoup de collègues partent en congés d'hiver. Tout le monde se prépare à manger du foie gras et à boire du champagne. La salle est décorée, guirlandes et lumignons. Antoine doit faire un discours, Jérôme a promis d'apporter sa guitare, et Claude, comme toujours, a révisé ses blagues. Il va encore nous faire marrer.

Je suis en train de mettre le couvert dans la salle de réunion. Henri, « Lieutenant Water », vient me chercher. « “Fire” tu peux m’accompagner ? Je fais un saut à l’hôpital Édouard Herriot, je récupère un certificat médical pour le juge. Il en a besoin pour boucler son dossier, et on rentre à l’heure pour l’apéro. » Depuis que nous partageons le même bureau avec Henri, les collègues de la crime nous ont surnommés Lieutenants Water et Fire : Henri est aussi discret que je suis volubile. Ceci expliquant cela. Malgré nos différences de caractères, nous nous entendons bien. Nous partageons la même passion : les chanteurs de variété française. Ensemble dans la voiture banalisée, il n’y a pas de feu ou d’eau, juste deux flics qui chantent, souvent très faux, les vieux tubes français. De Michel Sardou à Johnny Halliday, en passant par Julien Clerc ou Georges Brassens. Il nous arrive même de fredonner « Frère Jacques » ou un titre des Compagnons de la chanson. Aucune préférence particulière. Juste l’envie de partager une convivialité.

« Souviens toi, c’était un jeudi, souviens toi, on avait choisi… » Nous crions à tue-tête Joe Dassin dans la voiture. Henri est incroyable. Autant au bureau il est peu disert, tranquille et calme ; autant, quand il chante, il se transforme en champion du monde de karaoké. Je profite de ce qu’il reprend son souffle pour lui demander où il compte passer ses vacances de Noël. Il est super content. Ses beaux-parents ont loué un petit chalet à la montagne. Il va pouvoir initier ses filles au ski. Il me retourne la question. « Tu sais, les familles nombreuses, c’est rendez-vous autour du patriarche et en avant le chapon, les marrons et le bourgogne. »

L’hôpital Édouard Herriot est à dix minutes à peine de l’hôtel de police. Henri gare le véhicule devant les urgences.

Je patiente à l'intérieur pour ne pas perdre trop de temps. Je chantonne : « … le chemin des amoureux, c'était il était une fois nous deux, souviens toi… » En fond sonore, la radio « Police » crépite. Attire mon attention. Je baisse Radio Nostalgie, augmente le volume de celle de la « Police ». La station directrice POLLUX demande si un équipage civil est à proximité de l'avenue des Frères Lumière. Nous sommes dans le secteur. Henri revient tout souriant. Il a le certificat médical attendu par le juge. Il entend à son tour le message de la station. Nous nous regardons et avons la même réflexion. « On y va ? » Je prends le combiné et annonce à POLLUX que POISSON 310 (notre indicatif radio) est à proximité.

POLLUX nous remercie et annonce qu'il se passe un événement indéterminé à la Société Générale, avenue des Frères Lumière à Lyon. Nous essayons d'en savoir plus. POLLUX nous avise qu'ils viennent de recevoir un appel sur « POLICE SECOURS – 17 ». Ils ont décroché, ont juste entendu : « Oh mon Dieu ! » et l'appel a été coupé. Ils ont identifié le numéro appelant comme émanant de la banque. Ils ont essayé de la recontacter plusieurs fois de suite. Personne n'a répondu aux appels. Ils souhaitent la présence d'un équipage civil pour faire un repérage discret devant l'agence bancaire et analyser la situation. « OK, POLLUX de POISSON 310, nous prenons la mission. »

Il faut à peine quatre minutes pour nous rendre sur les lieux. Henri gare la voiture à une dizaine de mètres de la banque. Il est aux alentours de 11h45. Au combiné radio, j'annonce à POLLUX notre arrivée sur place. Discrètement, nous nous rendons devant l'agence. Essayons de pousser la porte d'entrée du sas. Elle est fermée. Henri me fait signe qu'il passe par derrière. En longeant la façade de la banque, je constate qu'une veste de costume est encore posée sur une chaise de bureau et que la lampe est allumée. Je rapporte tous ces éléments à POLLUX. Police Secours met en alerte une équipe spécialisée d'interventions.

Plusieurs éléments vont continuer à nous intriguer. Un homme d'une cinquantaine d'années se présente à moi : « Vous êtes de la Police ? » Pardon ? Il me désigne la radio portative. « Je vous ai reconnu. Je suis inquiet, ma femme est entrée dans la banque depuis une quinzaine de minutes, elle avait un chèque à déposer et n'est toujours pas sortie. » Je tique, un quart d'heure pour déposer un chèque, c'est beaucoup trop long. Le monsieur continue : « J'ai essayé d'entrer dans l'agence, elle est fermée. » Henri a fait le tour, il revient vers moi. Il est tendu. Il a remarqué des mouvements anormaux à l'intérieur.

Nous faisons encore un passage discret devant l'établissement. J'aperçois un individu en imperméable porteur d'une arme de poing menacer un homme en bras de chemise. Confirmation : un braquage est en cours. J'en avise POLLUX. L'information est immédiatement relayée sur les ondes. Un équipage en véhicule sérigraphié annonce son arrivée sur les lieux. Il lui est demandé de se positionner sur l'avenue en amont de la banque pour bloquer la circulation. Heureusement, elle est en sens unique. POLLUX nous demande de prendre toutes les mesures de sécurité pour éviter que des personnes s'approchent de la banque. Ils nous avisent que la BRAV (Brigade de répression des actions violentes) arrive en renfort. Je souffle. Henri aussi. Il me fait signe qu'il repart se positionner derrière la banque.

Petit à petit, la circulation se fait de moins en moins dense avenue des Frères Lumière. Bientôt, elle est déserte. Aucune voiture ne passe. Sauf celles des policiers. Je vois arriver des collègues en tenue d'intervention portant sur leurs tenues l'insigne BRAV. Ils prennent contact avec moi au moment même où le malfaiteur se présente dans le sas avec le directeur de l'agence comme otage et bouclier. Nous n'avons pas vraiment le temps de nous organiser. Simultanément, un piéton se présente pour retirer de l'argent au distributeur. J'essaye poliment de l'en dissuader. Il insiste. En me demandant qui je suis pour lui interdire d'utiliser sa carte bleue sur son DAB : « Ça fait 5 ans que je retire tous les jours de l'argent à cet endroit, vous n'allez pas m'en empêcher. » Je n'ai pas eu le temps de lui répondre ce que je pensais de lui, une voix d'homme forte, virile, hurle : « Grenade ». Du sas je vois une petite forme métallique voler. Je me retourne. L'habitué du DAB s'est déjà jeté sous une voiture. J'en fais autant. La grenade explose. Heureusement, ce n'était pas une quadrillée. Elle n'a fait que briser quelques vitres de voitures stationnées au mauvais endroit.

Ensuite, tout se déroule très vite. Après la grenade, le malfaiteur jette un deuxième objet depuis le sas. Un fumigène. Il explose à cinq mètres de l'entrée de la banque. Le directeur-otage profite de cet instant pour filer entre les pattes du voyou. Il s'enfuit en courant. La scène est surréaliste. Je vois un homme en bras de chemise surgir du nuage de fumée créé artificiellement par le fumigène. Au même instant, j'entends une voix masculine, sûre d'elle, menacer le malfaiteur dans le sas. « Rends-toi, tu es fait. C'est la police. Je t'ai en joue. Tu bouges. Je tire. » C'est Jacques, un major de la BRAV. À la crime, nous avons déjà fait appel à lui et à ses hommes sur des interpellations délicates de malfaiteurs violents. Je suis impressionné par son calme et son professionnalisme.

L'homme dans le sas, pour toute réponse, tire un coup de calibre en direction de la voix qui vient de le menacer. Jacques réplique. Il est armé d'un fusil à pompe. Calibre 12. Deux coups en « Double Touch » à l'intérieur du sas, et repli immédiat pour se remettre en protection. Nous ne savons pas encore que le malfaiteur vient d'être touché. La logique aurait voulu à ce moment-là qu'il se réfugie dans la banque pour rejoindre son complice. Mais le sas étant ouvert vers l'extérieur, il est fatalement bloqué vers l'intérieur. Le malfaiteur n'a plus que deux solutions : se rendre ou tenter une fuite désespérée.

Il opte pour la deuxième. Il a encore deux flingues à la main. Il vient de lancer une grenade offensive, suivie d'une lacrymogène. La fumée a envahi la zone de visibilité située devant la banque. Il sort du sas par la droite. Jacques est à sa gauche, aveuglé par la fumée. Il ne le voit pas sortir. L'homme court sur le trottoir dans ma direction, caché par la fumée. Je suis protégé par une voiture. Quand il sort du nuage, j'ai une vision apocalyptique. Un homme cheveux noirs mi longs, grand imperméable beige, taches de sang au niveau du buste, une arme de poing dans chaque main court, claudiquant légèrement, en direction de l'angle de rue d'où surgit Henri, son revolver à la main, brassard « Police » nettement visible.

Derrière l'agence il a entendu les coups de calibre. Il vient voir ce qui se passe. Il a déjà recueilli le directeur de l'agence qui lui est tombé dans les bras. Le « duel » entre Henri et le voyou est inévitable. Je ne sais pas qui des deux a tiré le premier. Plus le temps de réfléchir. Trop de réflexion tue l'action. Avec un autre policier de la BRAV, qui s'avérera être le chef de service, je me retrouve derrière le voyou. Je hurle « Henri, non... ! » Plusieurs coups de feu sont échangés. Je suis surpris. Moi-même, j'ai tiré. Une fois. Incapable de me souvenir à quel moment précisément. Tout se précipite, Henri tombe au sol en tournant sur lui-même. Il est à l'angle de la banque, s'agenouille en essayant de se protéger. Le voyou continue d'avancer en flageolant sur ses jambes. Avant de s'écrouler face contre terre.

Je ne réfléchis plus. Je saute sur l'homme au sol. Je ne sais pas s'il est touché, encore moins où. Je n'ai qu'une obsession en tête : neutraliser ce type qui vient de balancer deux grenades et de faire usage à plusieurs reprises de ses flingues. Arrêter le tir. Ses cheveux sont pendants. C'est bizarre. En fait il porte une perruque, elle s'est mise de travers dans sa chute. Ça lui fait une drôle de tête. On retient des détails bizarres dans ces moments-là. Il tient encore ses deux calibres dans les mains. Je les écarte de lui. Prends ses poignets et les rassemble dans son dos. Je cherche mes menottes. Merde, dans la sortie futile qui était au départ la nôtre, je ne les ai pas prises avec moi. Depuis, je ne les ai plus jamais oubliées. Je regarde Henri à l'angle de la banque. « Ça va ? » Le chef de la BRAV s'est penché sur lui, et commence à lui prodiguer les premiers soins. Henri fait la grimace. « J'ai mal, je suis touché. Je ne sais pas où. Finis de t'occuper de lui ! »

L'homme continue de se débattre sous moi. Je hurle : « Des pinces, quelqu'un a des pinces ? » Un collègue venu en renfort me tend les siennes. Je passe les bracelets au voyou. Il est allongé au sol. Il ne peut plus bouger. Je me penche vers Henri. Un homme en tenue d'intervention arrive vers nous. Il s'adresse au chef de la BRAV : « Patron, y'a un deuxième braqueur à l'intérieur. » Le chef de la BRAV me regarde. Je lui fais signe que je m'occupe de mon collègue. Je prends Henri dans mes bras. Pendant que le commissaire de la BRAV se rend dans l'agence.

Des minutes très longues s'égrènent. Je parle à Henri. J'essaye de le maintenir éveillé. Il me dit qu'il a mal dans le ventre, le dos, le bras. Il a pris trois bastos. Ça saigne. Je hurle à la radio : « Et les secours, merde. Ils arrivent quand, les secours ? » La réponse me scotche. « Ils ne peuvent pas intervenir tant que le site n'est pas sécurisé. Il faut que le deuxième homme soit neutralisé ! » Je réponds qu'un collègue est touché. Il perd son sang. Il y a urgence. On me demande de patienter. Des minutes qui semblent des heures.

Henri est dans mes bras. J'ai des gestes maternels dont je pensais ne pas être capable. Je lui caresse les cheveux. L'embrasse sur le front. Lui raconte n'importe quoi. « Tu vas voir, tu vas t'éclater au ski, ça va être top. Tu vas pouvoir faire le malin devant tes filles. » Encore une fois, j'aurais mieux fait de me taire. À la pensée de ses enfants, il fond en larmes. Moi aussi. Merde, on était parti pour un certificat médical, pas pour mourir la veille de Noël. Et ces putains de secours qui n'arrivent pas.

Devant nous, le malfaiteur est toujours allongé au sol. Les mains menottées dans le dos, il essaye de parler. Nous ne comprenons pas ce qu'il dit. À ce moment-là, nous ne savons pas ce qu'il a. Pour moi, il est neutralisé, et c'est le plus important. Mon pote est blessé. Il souffre. Le plus urgent c'est de m'occuper de lui. Je gueule encore. « C'est bientôt fini, merde. Il y a des blessés ici. » J'entends que ça bouge dans la banque. Encore une détonation. Puis plus rien. dix secondes d'intense silence. Et la radio qui annonce. « Deuxième individu interpellé. Je répète deuxième individu interpellé. Tout est ok. »

J'apprendrai plus tard que le dernier coup de feu entendu était celui du deuxième braqueur. Un coup de feu qui a failli atteindre en pleine tête le commissaire chef de la BRAV. Le malfaiteur dans la banque voulait se rendre. Les policiers lui ont intimé l'ordre de poser son arme par terre, de lever les mains en l'air et de donner un coup de pied dans son revolver. C'est ce qu'il a fait. En shootant dans l'arme, un coup de feu intempestif est parti, frôlant de quelques centimètres la tête du chef de la BRAV.

Les secours peuvent arriver enfin. Je peux rassurer Henri. « C'est fini. Ils vont te prendre en charge. Dans dix minutes t'es au bloc. Dans deux heures tu serres tes filles dans les bras. » Décidément, je suis stupide. Faut toujours que j'en rajoute. Il fond de nouveau en larmes. Je pleure avec lui. Autour de nous, c'est l'effervescence. SAMU, pompiers, policiers en civil, d'autres en tenue, des hauts gradés, des magistrats.

Je ne sais pas qui est qui. Je m'en fous. Je n'ai d'yeux que pour Henri. J'ai tellement peur pour lui. Soudain, je ne sais pas qui, j'ai préféré oublier, un con au courant de rien, mais croyant savoir tout, demande innocemment : « Mais pourquoi vous avez menotté un mort ? »

Le malfaiteur est mort devant nous. Il a pris 3 ou 4 balles transfixiantes. Forcément, il n'était pas nécessaire de le menotter, mais, et c'est vraiment le cas de le dire, dans le feu de l'action, comment savoir que l'homme était mort ou en train de mourir ? Depuis, cette question me hante. À la fois par sa bêtise, mais également parce qu'elle me renvoie à mes propres interrogations. Un homme est mort devant moi. J'en porte un peu la responsabilité, même si en l'espèce je n'ai cherché qu'à protéger mon collègue sur qui le malfaiteur faisait feu. Je ne suis pas entré dans la police pour tuer des gens. On n'est jamais préparé à ça.

La commissaire chef de la crime est arrivée à son tour sur les lieux. Elle est blême. Livide. Me demande comment s'est déroulée l'action. Dans l'immédiat, je suis incapable de lui raconter. Toujours inquiet pour Henri. La police judiciaire a été saisie de l'affaire par le procureur de la République. Les collègues veulent m'entendre tout de suite. Je leur fais savoir que je ne suis pas en état. Ils me convoquent pour le soir même dans leurs locaux. En attendant, ils placent mon arme sous scellés. Même si je sais que cette procédure est parfaitement normale, je la trouve très infamante. Demander son arme au policier qui vient de faire feu pour vérifier combien de coups il a tiré, c'est déjà porter la suspicion sur les conditions dans lesquelles il en a fait usage. Mais je sais aussi que cette procédure nous protège.

À ma demande, la commissaire de la crime et les médecins me laissent accompagner Henri jusqu'à l'hôpital. Nous venions de le quitter trente minutes plus tôt. Comme un signe. Arrivés aux Urgences, il est tout de suite emmené au bloc opératoire. On diagnostique qu'il a reçu trois balles. Une dans le gras du ventre, une dans le bas du dos, reçue lorsqu'il se tourne pour se protéger à la suite du premier impact, et une qui lui a frôlé et déchiré une partie du muscle du bras. Deux sont encore dans le corps. Celle du bras n'est pas restée.

Pendant qu'ils opèrent Henri, je subis un autre de ces grands moments de solitude professionnelle. Je viens de vivre l'une des aventures les plus dingues et inattendues de ma carrière, et me retrouve seul au milieu de cette salle d'attente triste de l'hôpital pendant que mon coéquipier se bat entre la vie et la mort. Je tourne en rond comme un fou. J'essaye de me remémorer tout ce qui vient de se passer. Je n'y arrive pas. Je ne sais plus quoi faire. Attendre la fin de l'intervention médicale ? Appeler mon service pour qu'ils viennent me chercher ? Contacter mon épouse pour tout lui raconter ? Mes parents ? Trop peur de les inquiéter. Mais je ne dois pas rester seul. Je suis sous pression. Des choses étonnantes, que je n'arrive pas encore à expliquer, sont en train de se bousculer en moi.

Un équipage de la crime vient me chercher. J'ai fini par contacter mes collègues. Le repas de fête a été maintenu mais l'ambiance n'y est pas. Antoine n'a pas fait de discours.

Jérôme a laissé la guitare dans sa housse. Même Claude a laissé ses blagues au placard. Envie de ne faire marrer personne. Il y a eu mort d'homme, et l'un des nôtres a failli y rester. Plus personne ne l'appelle « Water », et plus personne ne m'appellera « Lieutenant Fire ». Ces surnoms sont tombés dans l'oubli aussi vite qu'ils étaient apparus.

La commissaire me veut à côté d'elle pour me rassurer. C'est touchant. On me propose à boire. J'accepte. Me demande de raconter encore et encore la scène. J'accepte. Besoin de me libérer par la parole. Les collègues sont attentifs. Très prévenants. Tout le monde a conscience qu'on vient de vivre un drame. On réalise que notre vie peut basculer comme ça, sur un coup de dé. Un certif à aller chercher à l'hôpital en chantant Joe Dassin et on se retrouve aux urgences en écoutant la sirène du SAMU. On attend tous des nouvelles de l'opération d'Henri. L'un de nous appelle toutes les dix minutes pour connaître son état de santé, s'il est sorti du bloc. Au final c'est la standardiste qui nous avisera que l'opération est terminée et qu'il n'aura pas de séquelles, en apparence. On a beau faire un métier d'hommes, je pleure. On me tend encore un verre. J'accepte.

Quelques années plus tard, j'ai compris à quel point cet événement a été fondateur dans ma vie personnelle et professionnelle. Cette envie de bouffer la vie à l'excès. Cette prégnance du temps qui passe, cette peur de ne pas profiter de chaque instant. Cette émotion qui me saisit devant le moindre événement joyeux ou douloureux. Je cache de moins en moins mes larmes. J'apprends de plus en plus à relativiser. Prendre de la distance. Et rire de tout.

J'ai mis beaucoup de temps avant de raconter ce braquage sanglant. Comme si, parce que je n'avais pas été blessé, je n'avais pas la crédibilité nécessaire. J'avais même honte de penser cela. Quelques semaines après, je me retrouve dans une soirée policière. Beaucoup de collègues ont entendu parler de ce flingage. Ils ne savent pas forcément qui y était. J'entends soudain quelqu'un raconter la scène. Le prétentieux parle comme s'il était sur les lieux. J'hallucine. Il n'était pas là ! Henri est encore en convalescence, il ne peut pas contredire le fâcheux qui s'approprie en héros ce fait d'arme. Qui n'en est pas un. Je le laisse faire. Cette histoire couve en moi. Comme un feu sous la glace. Je pose mon verre et m'en vais.

Quinze jours plus tard, je suis en mission de surveillance avec le « Pin's », un autre collègue de la crime, surnommé ainsi à cause de sa taille. La radio police crépite une demande d'intervention par un équipage civil pour un événement indéterminé. J'ai l'impression de revivre les premiers instants des coups de feu mortels. On s'annonce à la radio. On y va. Sur place, je ne peux pas sortir de la voiture. Une peur incontrôlée. "Le Pin's" a très bien compris. Il a géré tout seul. Il ne m'en a jamais tenu rigueur.

Henri s'en est sorti. L'année suivante, il a pu apprendre à skier à ses filles. Cette douleur au bas du dos en souvenir. Nos orientations professionnelles nous ont éloignés. Nous nous croisons rarement. Nous n'oublions jamais. Nous ne parlons plus de l'affaire. À quoi bon ? Nous savons ce que nous y avons vécu. Il y aura toujours une place pour lui à table. Je sais qu'il m'accueillera chez lui n'importe quand.

Nous avons été tous deux décorés pour notre action. La médaille du courage et du dévouement. Henri a été nommé au grade supérieur. J'ai pris la décision de passer le concours de commissaire de police.

Toujours cette envie de continuer au fond de moi. Malgré la plaie ouverte. Aller encore plus loin.

Jusqu'où ?

Yohan

Juillet 2007, Antenne de police judiciaire de Perpignan

« Quel âge tu as ? »

« 26, je crois. Mais ma mère n'a jamais été certaine… »

« Bon, on va lui faire confiance, à ta mère. » À chacune de nos questions, il répondait avec une pointe d'humour. Sans jamais manquer de respect. Nino allait prendre cher, il le savait. Consommation de stups, exportation, importation, trafic, en flag. Multirécidiviste, il se pliait aux règles de l'audition en attendant que sonne la sentence. Son regard s'est posé sur l'étui à guitare posé sous la fenêtre.

« C'est à vous ? Vous jouez ? » Je lui expliquais gentiment que je débutais et que j'étais juste bon pour la fête de la musique. « Et toi ? » Si Nino, le gitan de Perpignan, savait jouer ? Il était né avec. Il y a 26 ans. Peut-être plus. Peut-être moins. « Chez moi, on prend la guitare avant de savoir marcher. On chante avant de parler, c'est comme ça. D'ailleurs, ça marche plutôt pas mal, on a sorti deux disques avec des cousins et mes deux frères. Vous voulez un morceau, commissaire ? »

Pourquoi pas. Ce début d'été retenait le jour et moi je tendais la guitare à Nino. Heureux de pouvoir s'exprimer, là, sur le lino grisâtre de mon bureau de flic. Il souriait et nous initiait à la rumba flamenca. « Je peux te donner des conseils, mais je suis pas un bon prof. Je n'ai jamais lu une partition », s'excusait-il. Le rythme et sa voix ont attiré les collègues de l'étage. Quelques bouteilles et des cacahouètes ont recouvert mon bureau. Un apéritif improvisé une soirée de juillet, avec Nino. Et puis, il a refermé l'étui et j'ai débarrassé les gobelets. « Pourquoi tu ne te lances pas dans la musique au lieu de faire des conneries ? Vous avez sorti plusieurs disques, non ? »

« Ça nourrit pas la famille, commissaire. On joue l'été en bord de mer. On chante dans les restos, les terrasses de café ou sur des petits podiums. C'est tout. Mais je te ferai envoyer notre disque. Je suis pas trop mal sur la photo ! »

Je n'ai jamais revu Nino mais je l'écoute souvent. Sur la pochette, il avait écrit avec beaucoup de fautes d'orthographe : « En souvenir d'une soirée d'été ».

Pas besoin de naviguer sur les sites de rencontres. Pas besoin de concept psychosociaux pour analyser les différentes catégories sociales, étudier leurs codes, adopter leur langage. Dans une journée de flic, on rencontre la société toute entière. Dans ce qu'elle a de plus crade et de plus drôle. De cruel et de touchant. Un échantillon d'humanité au cours de chaque service. Une journée de flic réserve toujours des surprises, des échanges inattendus, des soirées improbables. On a vécu tellement de scènes dépassant l'entendement. Des failles spatio-temporelles, des instants vécus en apesanteur entre les planches de théâtre et les portes du commissariat. On serre des mecs et des mains. On imprime des vies entières sur un acte de procédure. On fouille dans leurs recoins secrets lors des perquises. On apprend à deviner l'autre en moins de sept minutes, on est super fort en *speed dating*. C'est pour cela que les poulets ont toujours une anecdote à raconter. Dans les dîners, les scénars, les bouquins. Ils brassent tellement de destinées. Ils n'ont pas besoin d'imagination, une bonne mémoire suffit…

Et puis, il y a des rencontres qu'on ne peut pas oublier.

Yohan a 21 ans. Il traverse la vie avec bonheur. Il est jeune, beau, vit à Cannes. Ses parents ne manquent pas de moyens. Tout lui sourit. Il ne rêve que d'une chose : devenir policier. Commissaire dans un service de police d'investigations. Conduire une voiture banalisée avec plaque de police et gyrophare. Intervenir sur des situations délicates. Attraper des malfaiteurs. Aider des victimes. Yohan a 21 ans. Il est atteint d'un cancer.

C'est un capitaine de police de la sûreté urbaine de Cannes, que je dirige depuis quelques mois, qui me le présente. Il toque à ma porte et me demande si je peux recevoir un jeune homme habitué du commissariat. Je suis surpris. Il sourit. Il vient au service non pas pour y subir des gardes à vue, mais pour discuter des actions de la police, des dernières procédures d'intervention, de l'armement utilisé. Une sorte de doux dingue, amoureux des forces de l'ordre. J'accepte de le rencontrer. Dirigeant un service d'investigations judiciaires, si je peux aider quelqu'un ayant la vocation pour passer les concours de la police nationale, j'en suis réjoui.

Le capitaine fait rentrer Yohan dans mon bureau. Je ne sais pas encore qu'il est malade. Tout de suite je suis en empathie avec ce gamin. Il m'étonne par sa maturité, sa simplicité, sa gentillesse. Cette façon de se moquer de ce que les autres pensent, sa franchise. Sa lucidité aussi. Un garçon surprenant. Je le prends sous mon aile. Il me fait rire, il sait presque plus de choses que moi sur l'histoire de la police, les grandes affaires judiciaires, les criminels réputés. Je me rattrape avec mon vécu professionnel. Lui raconte mes anecdotes policières. Il en redemande. J'en rajoute.

Assez rapidement, je lui fais remarquer qu'il peut enlever le foulard qu'il porte en permanence sur la tête. Il préfère le garder. À cause de la chimio. Je suis surpris. « J'ai un cancer, Christophe. Je suis un traitement régulier. Mais ça va, je vais m'en sortir. Je te promets. » J'avais constaté qu'il était particulièrement maigre. Le teint un peu jaune. J'avais mis ça sur le compte de sa jeunesse. Les folles nuits cannoises, auxquelles un jeune homme de son âge participe forcément.

Yohan ne fait plus la fête. Trop fatigant. Il s'autorise quelques dîners ou apéritifs prolongés, mais jamais trop tard. Son corps ne le supporterait pas. Il le sait. Pendant plusieurs mois, je vais rencontrer Yohan régulièrement. Il passe à l'improviste au service. Demande à me voir, si je suis disponible. Il ne veut pas me déranger. Juste prendre le temps de discuter, que je lui raconte des histoires policières. Il veut tout comprendre. Le cadre légal, les interpellations, le comportement des voyous. « Dis-moi, Christophe, c'est vrai qu'en France, ça n'existe pas, les mandats de perquisition ? » « Mais c'est quoi exactement la différence entre la BRI et le

RAID ? » Je lui explique, commente, digresse. Parler de mon job à un passionné me fait prendre conscience à quel point j'exerce un métier exceptionnel. Je suis heureux de partager ces moments avec lui.

Parfois, nous poursuivons la soirée autour d'un verre dans les petits bars de la Croisette. Un changement de rôle s'opère naturellement. J'ai toujours vécu ou travaillé dans des grandes villes, où l'anonymat est la règle. C'est la première fois que j'exerce dans une ville de 80 000 habitants. En tant que commissaire de police, je suis vite identifié. Arrivé dans cette ville depuis moins de 48 heures et voulant régler par chèque dans un restaurant, j'ai demandé au gérant s'il souhaitait que je lui présente une pièce d'identité. « Ce n'est pas la peine, monsieur le commissaire, nous savons qui vous êtes. » Reconnu avant d'être connu.

Yohan l'a très bien compris. Il me met en garde. Me prévient. M'explique qui est qui. Les gentils, les honnêtes, les sympas. Les salopards, les profiteurs, les hypocrites. On trouve de tout à Cannes. Comme partout. Yohan habite depuis toujours dans cette ville. Il a eu le temps de les débusquer. Il m'offre sa vision des habitants de la ville du cinéma. Je me moque de lui. Lui reproche de manquer de recul. Alors Yohan m'explique. « À Cannes, les pièges sont nombreux. Les tentations aussi. On commence par t'offrir un verre. Un repas : "Vous êtes mon invité, monsieur le commissaire." Tu refuses. Une fois. Deux. À la troisième, le gérant fait semblant de se fâcher. Tu acceptes. Certains le font sans arrière-pensées. D'autres en sont remplis. Une jeune fille vient s'asseoir à côté de toi, puis à ta table, puis sur tes genoux. Le gérant recommence : "Vous êtes mon invité, monsieur le commissaire"...

et tu deviens son obligé. Il t'a coincé. Piégé. En deux temps trois mouvements ! »

Je regarde éberlué Yohan me raconter tout ça. D'où lui vient cette lucidité ? Ce môme est sidérant. Il n'hésite pas à m'engueuler quand il sent qu'une jeune fille trop pressante vient s'asseoir à côté de moi et que je la laisse faire, l'encourage presque. « Mais t'as rien compris ou quoi, Christophe ? Certains ici n'attendent qu'une chose : que tu te plantes. Ils préfèrent te corrompre que te craindre. » Pareil quand je bois. Il surveille ma consommation. « Si tu te fais choper bourré au volant par la police municipale, Christophe, demain tu fais la une de Nice-Matin. Ta carrière est finie. » À son tour, Yohan m'a pris sous son aile.

Mon téléphone portable sonne. « Salut Yo, comment ça va p'tit frère ? » « Ce n'est pas Yo, c'est sa maman. » Je me raidis. Il est arrivé quelque chose à Yohan. « Il n'y a que vous qui pouvez faire quelque chose, monsieur le commissaire. Yohan ne veut pas suivre son traitement de chimiothérapie. Il le faut, vous comprenez, il le faut. » Je ne comprends pas en quoi je peux être utile. Sa maman poursuit : « Il est d'accord pour y aller, seulement si c'est vous qui l'accompagnez. Avec votre voiture, et le gyrophare. »

Quand j'arrive dans la grande maison de la famille de Yohan, il est allongé, encore plus maigre que d'habitude, sur un canapé. Des couvertures sont posées sur ses jambes. Il a troqué son éternel foulard sur la tête par une casquette de rappeur. Quand il me voit, son visage s'illumine. « T'es venu, frère, c'est trop cool. » Il est l'aîné d'une famille qui compte plusieurs sœurs. Il est gâté par les femmes de la maison. Sa mère, sa tante, et même sa grand-mère sont présentes. Il me fait un clin d'œil. « Elles ne veulent pas que je me fatigue. Je ne peux plus rien faire. Elles s'occupent de tout pour moi. Elles appuient même sur la télécommande de la télévision. » Il fait mine de se lever, et je vois effectivement une nuée de femmes et jeunes filles se précipiter. Je lui tape sur la visière : « T'es gâté, veinard ! » « Tu parles, Charles… ! on y go ? » Elles lui ont toutes apporté quelque chose. Une chaussure, un pull, un gâteau, des bonbons, une ceinture, un manteau. Elles sont toutes gentilles avec lui. Si inquiètes. L'émotion est palpable.

En partant avec Yohan, sa maman me prend par le bras. Dans un magnifique sourire, elle me dit « merci ». J'en suis gêné. De quoi ? J'ai 38 ans, en pleine force de l'âge, aucun problème de santé. Rien. Mes trois enfants sont beaux. Ils grandissent en vitalité et en énergie. Je ne supporterais pas qu'il leur arrive quoi que ce soit. Je peux prendre dix minutes de mon temps et aider un jeune homme, un ami, à aller à un rendez-vous médical.

Dans la voiture, Yohan me regarde. Il a déjà pris le « bleu » (le gyrophare) dans les mains. Il me regarde, attend mon approbation. Il a le même sourire que sa maman. « On pourrait peut-être attendre d'être sorti de chez toi ? » À peine le portail franchi, Yohan a mis le gyrophare sur le toit de la voiture. « Ben quoi, on est sorti, là, non ? » Il a baissé le pare-soleil « police » et j'ai enclenché la sirène. J'ai fait exprès de me perdre. Pour que le trajet dure un peu plus longtemps. Avec le gyro deux tons, on va forcément plus vite. Je voulais qu'il en profite un peu. Yohan était comme un môme. Yohan était un môme.

Sa mère m'a rappelé quinze jours plus tard. Yohan était parti. Il nous avait laissés. Trop fatigué, trop usé. La maladie, cette salope, avait eu le dessus. J'ai gueulé : « Merde, Yo, tu pouvais pas attendre ? T'avais promis que tu t'en sortirais. » Sa maman m'a invité aux obsèques. C'était la première fois que je participais à une cérémonie juive. J'ai été bouleversé. La famille m'a reçu, pris par la main, au propre et au figuré. « Il ne t'a pas connu longtemps, mais il t'aimait comme un frère. T'es un frère. »

Yohan m'accompagne souvent. Dans ma voiture, il n'y a plus que les flics qui mettent le gyro.

Tu vois, Yo, j'ai suivi tes conseils. Et pourtant… J'allais dire une vacherie sur la police et la justice. Ton souvenir m'en empêche, p'tit frère. Tu aimais trop ça. Et tu avais raison. Tu me manques.

C'est à cause. Non, c'est grâce à toi, aussi, si j'ai continué jusqu'à aujourd'hui.

Bernard

Lyon, le 2 février 2012

Commissaire,

Je vous envoie le bouquin de Frédéric Beigbeder intitulé Un roman français. *C'est un roman tiré de faits réels, l'histoire personnelle d'un type qui se retrouve en garde à vue (tiens, tiens... cela me rappelle quelqu'un !) et qui porte un regard sur sa vie passée avec désinvolture, sans concession. C'est drôle, touchant et fort bien écrit.*

Vous retrouvant mardi dernier, j'avais l'impression de ne vous avoir jamais vu partir, en fait. Votre bonne humeur, votre simplicité, votre joie de vivre n'ont pas été entamées par les épreuves, les coups bas. C'est sans doute votre plus belle victoire contre ceux qui ont pris un soin rigoureux à tenter de vous salir. Ici, à..., où tant de langues (de p...) n'ont pas manqué d'évoquer « l'affaire » comme s'ils étaient dans la confidence des secrets les mieux gardés. L'homme est ainsi. Adorer le lundi pour mieux brûler le mardi. Ce qui nous pousse à penser que l'Amour et la Haine sont un seul et même sentiment, évolutif selon les événements, les circonstances.

Le métier de policier n'est, qu'on le veuille ou non, pas un métier comme les autres. Il révèle à chacun sa part d'humanité, sa part d'ombre et d'héroïsme parfois. Le bien et le mal se fréquentent assidûment avec beaucoup de complicité. Pour le commun des mortels, le monde est observé en noir et blanc. Nous, policiers, le voyons gris… anthracite souvent.

Raconter son métier, c'est se découvrir aux autres. C'est très difficile. Le ressenti est tellement présent, tellement fort, tellement indescriptible. La relation qu'on entretient avec ses collègues est si particulière. On partage tant de choses, tant d'épreuves, tant de joies, tant de « chouilles », tant d'excès, et c'est dans l'excès qu'on excelle (désolé pour cette allitération facile). C'est une relation passionnée, qu'elle soit bonne ou mauvaise. On passe trop de temps ensemble, au bureau, le cul assis dans une voiture, dans la cage d'escalier d'un immeuble, autour d'un « bon » cadavre. Quel pied ! et quelle misère parfois.

Et la relation avec les voyous ! Que dire, sinon que notre métier nous impose de les connaître par cœur et donc d'apprécier véritablement la valeur d'un individu ? Parfois, on est déçu, parfois on a de bonnes surprises, de très bonnes surprises même. Ainsi, comme vous certainement, il m'est arrivé de préférer la compagnie d'un voyou à celle de certains de mes collègues. Le voyou attire autant le flic qu'il est attiré par lui. C'est une dualité inévitable. Sans flic, pas de voyou – sans voyou, pas de flic – chacun met en valeur l'autre dans un scénario intemporel.

Notre métier, c'est aussi des odeurs ; celle du sang, du cadavre, de la poudre, de la sueur. Ce n'est pas du Guerlain, et pourtant cette odeur manque tant à ceux qui n'exercent plus. Paradoxe de l'homme attaché à son métier comme le coquillage à son rocher.

C'est pour tout cela qu'on ne sort pas indemne de ce métier, qu'il est intimement lié à notre vie d'homme, qu'il nous fait aimer davantage l'air pur de la liberté, les joies de l'amitié, les effluves de l'amour, bref tout ce qui contrebalance la charge mentale que le flic supporte.

Mais je vais arrêter là ma philosophie de comptoir (à propos de comptoir, quand est-ce qu'on boit un coup ?). J'étais sincèrement heureux de vous retrouver (même avec une dizaine de kilos en trop...), j'espère que la suite de votre affaire vous donnera satisfaction, et ne croyez pas qu'ils vous rendront votre honneur : ils ne vous l'ont jamais pris.

Je vous embrasse....
Bernard

Un ours en cage. Je ne sais plus quoi faire. On m'interdit tout. D'exercer mon métier. De sortir de l'Isère. De fréquenter mes collègues. Suspendu, sans traitement, mais encore policier. Inactif, mais toujours flic. Paradoxe. Je ne peux même pas exercer un autre métier. Déontologiquement, c'est interdit. Ce n'est pas le moment de titiller l'ire des bœuf-carottes, si prompts à vérifier mon comportement. Ne pas faire preuve de politesse, c'est possible, si la déontologie est respectée ; mais ne pas respecter un contrôle judiciaire inique, non. Décidément, nous n'avons plus les mêmes valeurs.

Plus qu'une solution, écrire. Pour me souvenir, ne rien oublier. Et surtout me moquer. De moi d'abord, de mon métier ensuite. Capable de brûler aujourd'hui ce qu'il a adoré hier. Je jette sur le papier ma garde à vue et mes anecdotes policières. Je ne veux pas en faire un drame, au contraire, je veux en faire un immense sketch. Étudiant à Lyon, j'ai fréquenté avec beaucoup plus d'assiduité le café-théâtre de l'Accessoire que mes cours de droit. Henri et Philippe, les « responsables-gérants-tenanciers-auteurs-acteurs-chanteurs-fantaisistes » de ce haut lieu mythique lyonnais, m'ont donné le goût de la parodie et de l'écriture. Je me suis souvenu de cette époque pleine de couleurs et de rires et j'ai écrit un texte théâtral numériquement intitulé « 22 ! ».

Succession de clins d'œil, « 22 » comme « 22 v'là les flics ! », « 22 » car 22 ans de service effectif dans la police, et puis « 22 ! » parce qu'Olivier Marchal avait déjà pris « 36 ! »

J'ai transformé ce texte en livre, à la suite de rencontres aussi magnifiques qu'improbables. Tout en continuant de subir de plein fouet la machine judiciaire qui broie : sans état d'âme, sans compassion, sans explication ; avec ce sentiment de supériorité que donne la certitude de bien faire puisqu'on travaille pour le droit, et autorisant la prise de décisions humiliantes, inutiles et coûteuses.

La mise en examen dure depuis trois mois et demi. Le juge d'instruction est débordé. Il n'a toujours pas pris le temps de m'entendre sur le fond. Ni même mon adjoint. Je suis sidéré. Nous sommes mis en examen pour des infractions très lourdes et aucun interrogatoire ne vient chercher à les étayer. Depuis cette perquisition perfide après la garde à vue dans nos bureaux, aucun acte d'instruction nous concernant n'a été effectué. Il semble que la police des polices enquête sur commission rogatoire, mais pour l'instant ces procès-verbaux ne sont pas transmis dans le dossier de l'information judiciaire. C'est le silence absolu.

Sauf sur les écoutes. Je découvre que nous avons fait l'objet de branchements téléphoniques pendant une quinzaine de jours après la garde à vue. C'est totalement ahurissant. Pourquoi le faire à ce moment-là ? S'ils nous soupçonnaient de quoi que ce soit, vu nos grades et nos responsabilités, ils auraient pu se donner les moyens de le faire avant la garde à vue. La logique procédurale l'aurait voulu ainsi. Une fois encore c'est la démonstration que ce dossier est monté de travers. On nous arrête d'abord. On tente de nous piéger ensuite. Si ce n'est pas de l'acharnement, ça y ressemble. La preuve d'une volonté de nous enfoncer. La garde à vue n'a pas permis d'établir une quelconque infraction, alors on nous place sur écoutes téléphoniques dans l'espoir, je ne sais pas, qu'on se trahisse. Mais de quoi ?

C'est presque une insulte à notre intelligence professionnelle. Nous connaissons toutes les techniques d'enquête, y compris celles qui consistent à « brancher » un individu après une garde à vue. Je suis juste scandalisé par la débauche d'argent effectuée dans le cadre de cette information pour essayer de prouver notre culpabilité. Quand on connaît le coût de branchement d'une ligne de téléphone portable, et que je constate que tous les flics gardés à vue dans ce dossier ont été placés sur écoute à la fois sur leur ligne professionnelle, mais également personnelle, je suis dégoûté. En tant que chef d'un service de police judiciaire, il m'est arrivé de rencontrer des juges qui refusaient le branchement de lignes téléphoniques de voyous au motif d'un devis trop élevé. Trop cher, monsieur le commissaire. Pas pour tout le monde. Deux poids, deux mesures.

Mais il s'agit de donner de la crédibilité au dossier. Les gardes à vue n'ont rien donné. Alors on ne lésine pas sur les moyens. Tout est permis, on dépense allègrement l'argent de l'État. Les écoutes ne sont qu'un début.

Un premier courrier. Une convocation d'un expert psychiatre. Dans le cadre de l'information judiciaire, il a été chargé par le juge de m'examiner, avec une psychologue. Ils veulent s'y mettre à deux : le cas est difficile. On ne sort pas indemne de tant d'années de pratiques policières. Pas forcément besoin d'une consultation psychiatrique pour savoir que la police rend fou. Deux psys pour un flic. Cela coûtera deux fois plus cher à l'administration judiciaire. Ce n'est pas moi qui vais payer cette consultation. Ni même le juge. Il demande, les autres exécutent. La facture est envoyée à la Justice. Qui paye, obligatoirement. Sinon les experts n'expertisent plus, et le dossier d'instruction reste encore plus vide. La nécessité de cet acte à cet instant de la procédure m'échappe. Aucun fait ne prouve ma culpabilité, mais on m'invite déjà à subir une « expertise psychiatrique et médico-psychologique ». Le lien entre cette demande d'expertise et la recherche de la vérité ne m'apparaît pas évident. Acte d'instruction ? Acte d'humiliation ?

Je regarde attentivement la convocation. Les psys m'invitent à me rendre à Fontainebleau. Je n'ai toujours pas le droit de sortir de L'Isère. Je m'étonne : flic grenoblois, convoqué à Fontainebleau sur instructions d'un juge parisien. Logique géographique qui m'échappe. Est-ce moi qui suis vraiment fou ?

Je rentre dans une colère froide. J'appelle mes avocats, me renseigne sur cette pratique. Légalement, le juge est en droit de demander des expertises psychiatriques. Il les a demandées pour tous les mis en examen du dossier. Très bien, il a le droit, d'accord. Une façon comme une autre de faire croire qu'il travaille sur nous. Mais n'a-t-il pas le devoir de nous entendre aussi ? Je suis toujours interdit d'exercer mon métier, j'ai perdu la moitié de mon salaire, ma concession de logement, mon domicile, ma réputation, mon sens de l'humour et il ne m'a toujours pas entendu sur le fond du dossier. Alors l'expertise psychiatrique attendra. Avant toute chose, j'aimerais pouvoir m'expliquer au moins une fois devant ce marionnettiste qui tire les ficelles de ma vie. Obligé par la loi, il m'a juste entendu pendant 45 minutes au bout de quatre mois d'instruction judiciaire. Depuis rien. Je ne lui laisserai pas choisir pour moi mes médecins. Il a raison sur un point : je vais mal. Très. À cause de lui. Je ne comprends pas cet acharnement. Je deviens aigri, triste. Dépressif. Je ne crois plus en rien. Et j'ai des envies de suicide. Et de meurtre. Sa thérapie et le choix de ses praticiens, quel que soit leur niveau d'expertise, me paraissent douteux, voire infamants. Je préfère de loin les médecins qui me soignent. Tellement plus compétents : mes enfants, mon amoureuse, mes parents, mes amis.

Je fais savoir à mes avocats que je n'ai pas les moyens de prendre un billet de train pour Fontainebleau : conséquences financières de la mise en examen. Je n'ai pas la force de monter seul dans un TGV pour me rendre à Paris. J'ai peur. Du contrôleur, des passagers, et même de la police : conséquences psychologiques de la mise en examen. Je suis d'accord pour qu'un psychiatre, expert ou pas, accompagné d'une psychologue extrêmement compétente, vienne m'examiner, m'ausculter, m'interroger. Mais à Grenoble, pas à Fontainebleau. J'ai tout mon temps pour eux et ça tombe bien, je n'ai pas le droit de sortir de la cuvette iséroise : conséquences géographiques de mon contrôle judiciaire.

La réponse de mes avocats n'a pas dû plaire au psychiatre. Il continue de m'envoyer régulièrement des convocations, dont le ton devient de plus en plus menaçant. La dernière contient une phrase absurde : « La non-justification de votre présence, par écrit, sera considérée comme une absence. » J'essaye de la décortiquer par une analyse de texte précise et rigoureuse. Je suis fils de prof, quand même. Je ne suis pas un expert. Mais il me semble qu'il y a comme un non-sens dans cette formule. J'avais raison de me méfier. D'autant qu'en la regardant encore plus attentivement, je constate qu'elle est datée du 10 mai 2012 et qu'elle me convoque pour le mardi 22 mai 2010. Il y a quelque chose de douteux au royaume de l'expertise. Soit l'expert savait deux ans avant ma garde à vue que j'allais être mis en examen et faire l'objet d'une expertise psychiatrique sur réquisition du juge d'instruction. Ce qui me parait peu probable. Soit il y a une forme de dilettantisme dans la rédaction de cette convocation qui me pousse à remettre en question la pertinence de cet examen réalisé par des experts capables de se tromper de façon aussi grossière sur une date.

Bien sûr, je chipote. Je suis dans le détail. L'infiniment ridicule. J'ai bien conscience qu'il doit s'agir d'une faute de frappe d'une secrétaire, qui s'est contentée de faire un « copier-coller » d'une précédente convocation, adressée à un autre que moi au cours de l'année 2010. Dans l'absolu, ce n'est pas grave. Dans l'absolu seulement. Dans le réel que je vis à ce moment-là, cette faute lamentable de date me navre. Elle émane quand même d'un expert psychiatre apportant des éléments de personnalité aux juges du fond, pour les aider à prononcer un jugement adapté. S'ils se trompent sur une date de convocation, que va-t-il en être de leur expertise ?

Cette convocation et ses erreurs de rédaction portent ses fruits. Elle réveille mon instinct de policier. Même dépressif, un flic reste un flic. Je me pose la question de savoir qui est cet expert psychiatre ? Son nom et son adresse sont mentionnés sur la convocation. Ce praticien a son cabinet à son nom à Tours, il est expert judiciaire près la cour d'appel d'Orléans. Il est requis par un juge d'instruction parisien, pour expertiser un flic grenoblois. Je m'interroge : y a-t-il des experts psychiatres à Lyon ou à Grenoble ? Pourquoi le juge, parisien, choisit-il un expert près la cour d'appel d'Orléans ? Qui vérifie les conditions dans lesquelles sont désignés les experts dans les procédures judiciaires ? Choisir dans toutes ses procédures judiciaires le même expert, n'est-ce pas le début du favoritisme ? Les experts psychiatres lyonnais ou grenoblois ne sont-ils pas à la hauteur pour qu'on leur préfère un confrère tourangeau ? Si tout est permis, ne pouvait-on pas faire autrement ? Je ne sais pas, moi, devant une telle gabegie financière : requérir un psychiatre à Nice, expert près la cour d'appel de Marseille, qui, agissant sur instructions d'un juge parisien, aurait pu me convoquer à Montpellier. J'aime bien Montpellier. J'y ai des bons amis avocats !

L'expertise psychiatrique ne suffit pas. Forcément, je ne l'ai pas faite. Mais on n'allait pas s'arrêter à si bon compte.

Je reçois un autre courrier dans le cadre de cette instruction judiciaire. Enfin, je vais être entendu par le juge ? Absolument pas. Ce dernier a dû considérer qu'il y avait plus urgent. Il s'agit d'un courrier dont la forme et le fond m'intriguent immédiatement. Lettre au format classique 21/29,7 cm. Elle est rédigée comme une convocation de police ou de justice et porte un intitulé ambigu. En haut de la page, en titre, est mentionné : « Service de contrôle judiciaire et d'enquête ». Sur la gauche en haut d'une marge, cet intitulé est repris sous forme d'acronyme SCJE, avec, dessiné au-dessous, d'une façon stylisée, « la balance de la Justice ». Au premier regard : un courrier officiel du ministère de la Justice. À s'y méprendre. La deuxième lecture confirme la première impression : ce courrier est rédigé d'une façon identique à celle utilisée dans les arrêts et/ou ordonnances rendus par les tribunaux et juges français. Les premières phrases commencent toutes par des mentions à résonnance juridique : « Vu l'article 81 alinéas 6 et 7 du Code de Procédure Pénale… » ; « vu la réquisition de Monsieur le juge d'instruction en date du… » ; convoquons M. Christophe Gavat, à être présent chez lui tel jour à telle heure. » Professionnel du droit, j'ai vraiment cru *ab initio* qu'il s'agissait d'une convocation d'une administration française à laquelle je ne pouvais déroger. *In fine*, je vais découvrir qu'il n'en est absolument rien.

Ce courrier me convoque donc à un entretien, qui se déroulera chez moi : aux dates et heures choisis par ce service. C'est original. Cette convocation me demande aussi de mettre à disposition de la personne qui se présentera des photos de ma famille, parents, enfants etc. à tous âges, je dois aussi leur donner mon livret de famille, mes bulletins scolaires... La liste de mes petites amies ?

J'enrage. Par orgueil. Mal placé, certainement. Mon sang de « poulet » ne fait qu'un tour. Ne réveillez pas un flic dépressif qui s'ennuie. Je vérifie donc à quoi correspond ce « service de contrôle judiciaire et d'enquête », au titre si volontairement évocateur. Je découvre avec stupéfaction qu'il s'agit d'une association loi 1901, sans but lucratif, déclarée le 26 janvier 2001 à la préfecture du Nord, participant à la prévention de la délinquance et de sa récidive, aux alternatives, aux poursuites et à l'incarcération, ainsi qu'à l'aide aux victimes et à l'accès au droit. Je reste sans voix. Comme chaque fois que je suis touché de plein fouet par la bêtise et la méchanceté humaine, je deviens de plus en plus muet.

Franchement, en quoi suis-je concerné ? Je ne suis pas un délinquant : je lutte depuis 25 ans contre les voyous. Le risque de récidive ne me paraît pas très élevé. Je ne suis pas encore condamné : trouver des alternatives aux poursuites et à l'incarcération (sic !) ne me semble pas opportun. Je ne suis pas victime. Quoiqu'en ce moment je m'interroge. Alors pourquoi décider de cette enquête sociale ? Quelle est sa réelle utilité dans la manifestation de la vérité ? Le juge, pendant ce temps-là, ne m'a toujours pas réellement entendu.

Je continue de ruminer : pour cette association lilloise, je joue dans quelle catégorie à Grenoble ? Si j'accepte l'idée d'une enquête sociale pour m'éviter de sombrer avec délectation dans la récidive et la délinquance, ce qui au départ me paraît *a minima* stupide, n'y a-t-il pas là aussi, une association au caractère socio-judiciaire basée à Lyon, plutôt qu'à Lille, qui aurait pu s'occuper de cette mission hautement délicate ?

Cette association au titre pompeux et ambigu a certainement des raisons d'exister. Je comprends parfaitement la nécessité qu'il y a pour ces associations à caractère socio-judiciaire à intervenir. Je suis prêt à admettre que pour exercer leur boulot avec un peu de respect et de considération, elles doivent user de subterfuges graphiques. Je ne suis pas certain, en revanche, d'être le meilleur bénéficiaire de l'action de ces services. Faire réaliser une enquête sociale par une association loi 1901 sur des flics pour prévenir la délinquance et éviter la récidive, c'est comme demander au petit serveur de salle d'un grand restaurant si le chef cuisinier a bien mis l'eau à bouillir pour les pâtes… Le ridicule veille.

Une fois encore, je m'insurge. Je veux bien être gentil, mais je me refuse à être con. J'appelle mes avocats. Même réponse que précédemment. « C'est une demande du juge. Il peut le faire ! » Très bien. Mais il a déjà tout mon parcours professionnel et privé, le juge. Les bœuf-carottes, qui n'avaient même pas pris soin de consulter mon dossier individuel, qui me suit depuis 25 ans au ministère de l'Intérieur, me l'ont demandé au cours des quatre heures d'audition de ma garde à vue. Ça les a bien occupés pendant une heure, au moins. Ils avaient du temps à combler. « Oui, mais là, il s'agit d'une enquête sociale. Elle doit apporter un complément d'information pour la juridiction de jugement. Aider les magistrats dans leur prise de décision concernant ta sanction. » Mais je n'ai toujours pas été entendu sur les faits par le juge. Je les nie, en plus. Je ne vais quand même pas récidiver sur un fait que je n'ai pas commis ! Je vais peut-être demander à l'expert psychiatre de Tours-Orléans-Fontainebleau ce qu'il en pense.

J'insiste. Est-ce que je peux la refuser ? Mes avocats me le déconseillent. Me demandent d'accepter avec gentillesse. J'avoue. Je n'ai pas été gentil. Pourtant, je m'étais juré de faire des efforts. Le juge en avait fait récemment, il avait élargi mon contrôle judiciaire à l'ensemble de la région Rhône-Alpes. J'avais pu quitter la cuvette grenobloise et venir m'installer à Lyon. Près de mes enfants. Mais cette mesure m'interdisait encore d'exercer mon travail, donc de toucher une rémunération. Je ne pouvais toujours pas payer un loyer. Mes parents m'ont recueilli dans la maison familiale. Le fils prodigue. J'ai retrouvé auprès d'eux mes habitudes de vieil adolescent, sans frère et sœur. J'étais content, à 45 ans, j'avais mes parents pour moi tout seul.

Mais quand elle est arrivée dans sa Renault Clio de location pour me demander à quel âge j'avais arrêté de pisser au lit, j'ai craqué. Je me suis souvenu que l'association « Service de contrôle judiciaire et d'enquête » était basée à Lille. J'ai calculé les dépenses engagées pour venir jusqu'à Lyon. Voiture de location, péage, frais de bouche, frais de couchage, sans parler de la facturation de cette enquête sociale, je me suis demandé si l'argent du contribuable était bien dépensé ? Je devrais peut-être le signaler à la Cour des comptes ? Je l'ai regardée et sans aucune séduction dans la voix je lui ai dit : « Vous vous foutez de ma gueule ? »

Il y a mieux comme entrée en matière avec quelqu'un qui vient réaliser une enquête de personnalité et sociale dans le cadre d'un dossier judiciaire d'importance dans lequel vous êtes mis en examen. Mais une fois de plus, le système me montrait ses limites. Cette pauvre dame n'était pour rien dans l'enquête qu'elle faisait. Elle agissait sur réquisition du juge. Elle suivait son canevas habituel de questions, sans aucun aménagement particulier, comme celui qu'elle pose d'habitude à tous les délinquants pour les empêcher de récidiver. Elle ne savait même pas que j'étais commissaire de police. Mis en cause dans l'affaire « Neyret ». Il devrait regarder un peu plus les actualités nationales, « le service de contrôle judiciaire et d'enquête » de Lille. Elle ne connaissait pas Michel Neyret, ou à peine. Un flic mis en cause dans un dossier. Sans plus. Elle n'avait pas percuté qu'il était de Lyon. C'est vrai que Lille-Lyon, il y a au moins 800 kilomètres. Quelle idée aussi de la faire venir de si loin ! J'espère au moins qu'elle a pu profiter des bouchons lyonnais. Aux frais de la Justice !

Elle a digéré cette introduction douloureuse, essuyé quelques larmes furtives et a essayé de se justifier. Ce n'était pas la peine. Nous avions compris. Mon père, professeur à la retraite bougon mais à la syntaxe irréprochable, lui a fait remarquer qu'il y avait des fautes d'orthographe dans la présentation de son association sur le site Internet. Maman, après avoir rempli ses fonctions de maîtresse de maison accueillante et chaleureuse, s'est assise avec dignité au fond de son fauteuil et a écouté notre discussion en feuilletant négligemment *Madame Figaro*. J'ai essayé de garder mon calme et mon sourire.

Elle a poursuivi ses questions. Elle aurait bien voulu me les poser hors la présence de mes parents. J'ai refusé. C'était pour son bien. Sinon j'aurais explosé à la deuxième question : « Avez-vous manqué d'amour au cours de votre jeunesse ? » Maman a failli vomir dans *Valeurs actuelles*. D'un ton où se mélangeaient l'offense et le dédain, elle a demandé : « Autrement, vous avez des questions intelligentes ? » Papa a pris sur lui. A fait signe à maman qu'il s'en occupait. Je me suis marré intérieurement. Je le connais par cœur, l'ancien. Ne jamais attaquer la famille, c'est sacré. Sinon vous prenez la marée, la déferlante, le tsunami. Il a encore de la ressource, mon père. 73 ans, quelques opérations du cœur, six enfants, quinze petits-enfants, 120 kilos d'intelligence et de force. C'est son équipe de rugby à lui, sa tribu. Pas question qu'on vienne douter du ciment familial. Il en a vu d'autres. Va pas se laisser emmerder par un petit agent socio-judiciaire de 30 berges qui vient lui demander des comptes sur la façon dont il a élevé ses mômes !

Il a pris son petit air bonhomme, voire arrogant, qu'autorisent son âge et ses cheveux blancs. Il lui a désigné le décor intérieur de la pièce familiale. Il y a les photos de nous six, ses enfants, à tous âges, partout. Enfants, petits-enfants, avec nos femmes, sans. Aux mariages, aux naissances, à 18 ans, avec des boutons d'acné, sans. Cheveux longs, cheveux courts, avec la barbe, sans. Ce n'est pas un salon, c'est un portfolio. Une exposition permanente. Faut être aveugle ou débile pour ne pas les voir. Papa, magnanime, a opté pour la première solution. Il lui a désigné le salon, et lui a dit : « Vous voulez mes lunettes, chère madame ? Ce sont celles d'un vieux monsieur. Mais elles sont très utiles. »

Je ne sais plus comment s'est terminé cet entretien. Je m'en fous. Qu'ils en fassent ce qu'ils veulent, de leur enquête sociale. Dans ce cas précis, elle ne sert à rien. Sinon à combler le vide de notre dossier. Elle m'a permis de voir jusqu'où peut aller la bêtise humaine quand la loi est appliquée au pied de la lettre, sans aucun discernement. Je me souviens juste que la femme de l'association m'a demandé de lui communiquer les noms et coordonnées de personnes pouvant justifier de mon parcours et de mon intégration dans la société. J'en pouffe encore. Alors pour me marrer, j'ai cité pêle-mêle un avocat, un magistrat, un auteur de pièces de théâtre, un professeur agrégé de lettres et mon petit frère, directeur d'un établissement scolaire. J'aurais pu lui donner aussi les noms et coordonnées d'une ou deux prostituées, d'un voyou fiché au grand banditisme, d'un mercenaire, d'un aventurier et d'un gérant de boîte de nuit. On trouve de tout dans l'agenda d'un flic. Mais j'ai senti que ce n'était pas le plus approprié.

Aucun de mes amis cités ne m'a fait part d'un quelconque contact avec cette personne. Franchement, à quoi ça sert que le juge se décarcasse pour établir des réquisitions aux associations, si le boulot n'est pas fait correctement ? Il me semble juste que mon frère a été sollicité. Ce n'était pas le choix le plus judicieux. L'entretien téléphonique (sic !) s'est plutôt mal déroulé. À la deuxième ou troisième question, il lui a demandé si elle n'avait pas des réflexions plus pertinentes, il ne voyait pas le lien avec l'affaire en cours et les infractions qui m'étaient reprochées : votre frère a-t-il connu une adolescence normale ? Avait-il des problèmes d'éjaculation précoce ? Se sentait-il bien entouré ? Il lui a dit qu'elle lui faisait perdre son temps et a raccroché. J'aime beaucoup le style direct de mon frère. Plus Mike Tyson que Jean d'Ormesson. Au final, j'attends toujours que cette enquête sociale soit versée au dossier. Normalement l'association a deux ou trois mois pour la rendre. Ça fait un an. Mais on n'est plus à ça près. La police des polices enquête bien sur ce dossier depuis plus de 17 mois.

Depuis notre sortie de garde à vue et notre mise en examen, la police des polices a en charge l'exécution d'une commission rogatoire délivrée par le juge, soit depuis le 4 octobre 2011. Rien d'anormal. C'est classique. Lorsqu'une personne est mise en examen, le juge d'instruction peut travailler seul sur le dossier ou « commettre rogatoirement » des officiers de police judiciaire pour l'aider à avancer sur le dossier. C'est prévu par les articles 81 et suivants du Code de procédure pénale. Ce qui paraît un peu moins normal, c'est que 17 mois plus tard cette enquête ne soit pas rentrée au cabinet du juge d'instruction. Même d'une façon partielle.

La technique est connue de tous les procéduriers. Lorsqu'on ne veut pas donner connaissance de certains éléments découverts par les officiers de police judiciaire aux mis en examen, le juge d'instruction demande au service enquêteur de ne pas lui transmettre immédiatement les procès-verbaux. Toute pièce concernant l'information judiciaire rentrant dans le cabinet du juge doit être portée à la connaissance des parties du dossier. L'objectif étant de permettre l'équilibre des parties. Le meilleur moyen pour que personne ne soit au courant, c'est donc encore de ne pas les faire rentrer. Ça lui permet de cacher des éléments importants de son enquête, d'empêcher les mis en examen de préparer leur défense. Ça lui permet aussi de gérer son planning, d'envoyer selon son bon vouloir les convocations aux fins d'audition aux mis en examen, voire de faire tomber dans l'oubli médiatique certains pans du dossier.

J'ai appris que des actes d'enquête nous concernant, mon adjoint et moi-même, ont été effectués le 10 ou le 11 octobre 2011 à Grenoble, par la police des polices, dans le cadre de l'exécution de cette commission rogatoire. Ces derniers ne sont toujours pas rentrés au cabinet d'instruction. 17 mois ! Le juge a fatalement été au courant de la découverte des bœuf-carottes, positive ou négative, à Grenoble. Les policiers ont obligation de lui rendre compte régulièrement du résultat de leurs investigations. 17 mois. Il sait et n'a pas demandé la transmission de ces pièces. Pourquoi ?

Mes avocats ont bien sollicité que ces actes soient versés à la procédure. Par une ordonnance dont il a le secret, le juge a répondu : « Attendu que le demandeur ne démontre pas en quoi une transmission partielle d'une commission rogatoire peut être utile à la manifestation de la vérité… rejetons sa demande ! » Ça m'énerve, mais je dois bien reconnaître qu'en vieillissant je ressemble de plus en plus à mon père. Mais si je fais une lecture syntaxique de cette formule, je dois en conclure que le juge reconnaît lui-même, par cette ordonnance, qu'une commission rogatoire n'est pas utile à la manifestation de la vérité. À quoi bon la faire exécuter ?

Quand je pense que j'ai procédé ainsi sur certains dossiers. Pour autant, cela dépassait rarement quatre mois. Une commission rogatoire stipule normalement une date limite avant laquelle les actes doivent être retournés au juge. En moyenne, la durée d'exécution est de trois ou quatre mois. Sur des dossiers compliqués, elle peut monter à six, plus rarement à douze mois. En tout état de cause au bout d'un an, le dossier est transmis. Au moins partiellement. Sinon le directeur du SRPJ engueule le chef d'antenne de la PJ, qui engueule l'OPJ sur ce dossier qui vient polluer et alourdir son portefeuille d'affaires. Surtout, la procédure qui dure ne donne plus beaucoup de sens à l'infraction poursuivie. La notion de « délai raisonnable » pour être jugé a été rendue par un arrêt de la Cour européenne des droits de l'homme. Depuis 17 mois, j'ai perdu la raison. La preuve, j'écris tout.

Je ne désespère pas. Le juge finira bien par me convoquer pour m'entendre. Enfin. Non pas que je me réjouisse de le revoir. J'ai juste envie que cette mise en examen se termine, d'une façon ou d'une autre. Depuis cette mesure inique, et les événements qui ont suivi : du contrôle judiciaire aux demandes d'expertise, j'ai encore plus appris à relativiser. « Et dans 150 ans on s'en souviendra pas… ». D'autant que j'ai déjà été sanctionné par mon administration. La procédure judiciaire n'est pas terminée, mais le châtiment administratif a été prononcé. Il est minime : un blâme. Il rentre dans la catégorie des sanctions du premier groupe. L'échelle administrative en compte quatre. Selon leur gravité, elle va de l'avertissement (premier groupe) à la révocation (quatrième groupe). Cette affaire ne m'a même pas valu d'être entendu par mes pairs devant le conseil de discipline. Le motif retenu pour prononcer cette punition a été : négligence fautive.

Il s'agit d'une faute déontologique, rien de pénal. Il m'est reproché de ne pas avoir avisé ma hiérarchie que ma hiérarchie me demandait de commettre un acte illégal. Paradoxe, quand tu nous tiens. En clair, on me reproche de ne pas avoir avisé le numéro Un de la direction interrégionale de la police judiciaire que le numéro Deux m'avait sollicité pour sortir des scellés de stups pour les remettre à un informateur. On me reproche de ne pas avoir « balancé » une discussion portant sur une « balance ». Je fatigue. La roue tourne, mais on n'avance plus. J'ai signé la sanction. Elle m'a été notifiée alors que je me trouvais en stage de formation continue à l'école des commissaires de police en février 2013. Clin d'œil du destin. C'est dans cette école que j'ai tant cherché à intégrer, que je bouclais administrativement cette boucle.

Plus envie d'avancer. À quoi bon ? Tout ramène à l'École nationale supérieure de la police à Saint-Cyr au-Mont-d'Or.

Ce n'est pas totalement vrai. Au cours de ces 17 mois, je ne compte plus les manifestations d'encouragement de mes collègues, de tous grades et de tous services. Certains, sans même nous connaître, ont participé naturellement à une association de soutien, nous permettant d'assurer notre quotidien pendant la période de suspension. Qu'ils en soient tous ici remerciés. Au-delà de l'aspect pécuniaire non négligeable, savoir qu'autant de collègues étaient avec nous a été un véritable réconfort quotidien. Nos pairs ne se sont pas trompés sur nos agissements.

Cette lettre magnifique de Bernard, glissée à l'intérieur du roman de Beigbeder, je la relis souvent. On ne sort pas indemne de ce métier, il a raison Bernard. J'entends sa voix et je devine celle des autres. Entre les lignes, j'imagine les collègues. En civil, en uniforme. Mon histoire les a secoués, leur soutien m'a touché. On peut tous finir sur le banc. Des accusés, des remplaçants, des avertis. On l'appelle bien comme on veut, on n'est plus en jeu. C'est injuste, brutal, incohérent. Ça fait mal et ça peut arriver à n'importe quel flic. *J'espère que la suite de votre affaire vous donnera satisfaction et ne croyez pas qu'ils vous rendront votre honneur : ils ne vous l'ont jamais pris.*

Épilogue

JEF

01/09/1988, École supérieure des inspecteurs de la police nationale, Cannes-Écluse
01/09/2012, Direction départementale de la police aux frontières de la Guyane, Cayenne

Une fois franchi le poste de garde, on arrive sur la cour d'honneur. Immense, impressionnante. Six bâtiments carrés à l'élégance douteuse l'entourent. Trois de chaque côté. Au fond, les salles de cours, la cafétéria et les locaux administratifs. 1er septembre 1988, plus de 600 personnes se pressent pour intégrer la 35e promotion de l'ESIPN (École supérieure des inspecteurs de la police nationale) à Cannes-Écluse.

J'ai 21 ans. La tête dans les nuages. Visage poupon et traces d'acné. Yeux innocents et intimidés. Mais heureux, et pas peu fier. Je commence ma vie de flic. Affecté dans la demi promo « B », groupe 36, bâtiment 6. Je porte mes valises au troisième étage. Salue des tas de gens qui se bousculent. Rient, se reconnaissent. Certains étaient en fac ensemble, ont passé le concours côte à côte. Avant-dernière porte, ma chambre. Je vais pour l'ouvrir, un type sort de la pièce d'à côté. En tenue de jogger.

Il se présente : « Salut, moi, c'est Jef. » Nous sommes voisins de chambre. Nous échangeons deux mots rapides. Il a mon âge, vient de terminer son service militaire, est titulaire d'une licence de droit. À deux trois détails près, le même parcours scolaire que moi. Il arrive de sa Bretagne natale, moi de cette chère vieille ville de Lyon. Il part courir. Athlète accompli. On se reverra. Pendant les 18 mois que dure la scolarité, nous aurons l'occasion de refaire l'histoire de France, de boire du chouchen et du beaujolais en mangeant des crêpes et du saucisson brioché.

Cannes-Écluse n'est pas, contrairement à ce que son nom pourrait laisser entendre, une petite commune balnéaire, avec palmiers, croisette et bord de mer. C'est une ville située à une centaine de kilomètres de Paris, en Seine-et-Marne. Elle compte environ 2500 habitants. Sans vouloir offenser les Cannois, nom officiel des habitants de cette commune, il n'y a rien de particulier à Cannes-Écluse. Il n'y a pas la Méditerranée. Seule l'Yonne y coule des jours tranquilles d'est en ouest. On a l'impression qu'elle accueille depuis toujours cette école, chargée de la formation des inspecteurs de police. Tout flic s'étant appelé un jour inspecteur, inspecteur principal ou divisionnaire est passé par Cannes-Écluse. Olivier Marchal a arpenté l'immense cour d'honneur de cet établissement. Xavier Beauvois y a tourné des scènes de son film, *Le Petit Lieutenant*.

Jef sera mon voisin durant 18 mois. Nous partageons les mêmes idéaux, ceux pour lesquels nous avons voulu devenir flics. Protéger les victimes, empêcher les voyous d'agir, les interpeller. Un métier actif pour une grande cause, assurer la sécurité publique. Au sens noble du terme. Servir la République, défendre la démocratie. Nous révisons ensemble les examens, passons des heures à discuter, à rire. À écouter de la musique. À courir. Jef est particulièrement sportif. Je fais semblant de l'être. Je l'accompagne régulièrement dans ses séances d'entrainement. Il me prodigue ses conseils. C'est dur. « Allez encore une heure et on arrête. » Ce type est dingue. Mais je le suis. J'essaye. J'ai 21 ans.

La scolarité se termine. L'amphithéâtre de sortie ne laisse que peu de doute quant au choix des postes. 80 % de la promotion est mutée en région parisienne. Nous sommes tous deux affectés dans des postes parisiens. Jef à Paris, intra-muros. Moi à Livry-Gargan, en Seine-Saint-Denis. On a été plutôt bons voisins, on devient colocs d'un petit appartement dans le 7e arrondissement. À proximité du Champ-de-Mars, et de la Seine. « C'est top pour courir », souligne Jef.

Après, tout s'accélère naturellement. La vie, les coups, les réussites, les mutations, les rencontres. Les premières désillusions aussi. Mais quand on a 20 ans, tout va vite, tout est possible. On se remet de tout. Toujours debout. La tristesse d'un jour fait vite place à la joie d'un autre. Nous bouffons la vie à pleine vitesse. Elle nous le rend bien. Les jours, les mois défilent. Presque un an que nous sommes flics parisiens. Au cours d'un voyage improbable dans le Sahara, je vais rencontrer celle qui deviendra ma femme et me donnera mes trois enfants. Jef de son côté s'est fiancé. Sa future doit venir le rejoindre à Paris. Comme une page trop vite tournée, notre cohabitation fatalement se termine. Fini la vie de célibataires parisiens. Nous commençons nos vies conjugales. Poignée de main virile et clin d'œil complice, nos routes se séparent. Nous ne nous donnons plus de nouvelles. Pendant 23 ans.

Le 3 septembre 2012, après les péripéties judiciaires et administratives que je viens de traverser au cours des années 2011 et 2012, je suis affecté en tant que directeur départemental adjoint de la police aux frontières en Guyane. Petit à petit, les interdictions de mon contrôle judiciaire ont été levées. Notamment la plus scandaleuse, celle qui m'interdisait d'exercer ma profession, aux conséquences si dramatiques. De fait, l'administration m'a immédiatement réintégré dans ses rangs, me demandant où je voulais être muté. J'ai choisi Cayenne. Sa forêt équatoriale, ses îles du Salut, son bagne. Une volonté de ma part. Une demande, presqu'une prière. Exaucée. Grâce à certains qui n'ont pas hésité à mouiller le maillot pour que j'obtienne ce poste. Une délivrance. Et non une sanction, comme beaucoup l'ont laissé entendre.

Les cons pensent pour les autres et parlent plus fort. Une façon comme une autre de se faire croire qu'ils existent. Je les laisse à leur vie par procuration. Je vais décoller pour l'Amérique du Sud.

À Orly, au contrôle passager, je suis presque heureux. Presque. Je vais essayer d'oublier à 8000 kilomètres de distance cette année qui vient de s'écouler. Demain, en arrivant en Guyane, je vais retrouver une vraie activité professionnelle. Être utile. Pratiquer le seul métier que j'aie toujours exercé. Ce boulot de flic dont je pensais qu'il était fait pour moi. Je vais reprendre ma vie administrative, prendre des décisions, les assumer. Diriger des gens. J'aurai un nouveau bureau. J'ai déjà quelques photos à accrocher au mur. Un bureau ?

Mes réflexions bifurquent. Des images noires défilent devant mes yeux. Dans cette file d'attente me menant à mon nouveau job, me revient la façon dont j'ai quitté Grenoble. La dernière fois où j'ai mis les pieds au siège de l'antenne de police judiciaire que j'avais l'honneur de diriger : cette lamentable perquisition de mon bureau. Depuis, rien. Ce n'est pas l'attitude des bœufs que j'ai en mémoire, je les ai déjà oubliés, broyés dans les profondeurs de mon mépris. Non, je repense comment, au fond d'un parking, presque en cachette, un vieux copain m'a remis en vrac des cartons de mon bureau, je n'avais pas pu faire mon déménagement. J'avais interdiction de fréquenter les collègues de la PJ et de me rendre à l'hôtel de police. Mais il fallait libérer la place. Principe de continuité, le service ne pouvait pas rester sans chef. Après ma mise en examen et ma suspension administrative, un nouveau responsable de l'antenne PJ a été nommé. Je n'en ai pas eu le temps et surtout pas eu le droit.

Ils ont entassé mes bibelots, mes stylos et mes agrafeuses. Mes ciseaux et mon ballon de rugby dédicacé par mes collègues catalans. Ce vieux dessin de mon fils où il m'a représenté jambes droites rouges, longs bras jaunes, corps improbable vert et tête en l'air. Ces grandes affiches du festival de Cannes offertes par mes gars quand j'ai quitté la sûreté urbaine de cette ville. La photo du défilé de la 54e promotion des commissaires de police sur les Champs-Élysées du 14 juillet 2003 et celles de mes trois enfants hilares, à cheval sur mon dos. Celle d'un ministre de l'Intérieur venu féliciter, avec Martine Monteil, alors directrice centrale de la PJ, l'antenne de police judiciaire de Perpignan pour la réussite d'une belle affaire. Et l'une de mes préférées, celle où on voit de dos, un homme, élégant, vêtu de clair, les mains dans les poches, sortir d'un cabriolet visiblement ancien, blanc, face au soleil qui se lève sur la Méditerranée. On le devine souriant, apaisé. L'affiche porte juste l'inscription « Life is a festival ».

Ils ont jeté en vrac mes tenues d'intervention, mon costume de rechange, une cravate élimée, et une paire de pompes usagées dans un sac poubelle. Mis dans un gros cabas mes vieux dossiers personnels, ma déclaration d'impôt et mon attestation d'assurance. Il y avait aussi des radios de mes poumons et de mon épaule, luxée lors d'un match ancien où je voulais faire le jeune. Beaucoup de ma vie administrative, et quelques éléments de ma vie privée. On fait tous de son bureau un peu le prolongement de sa maison, de sa personnalité.

Ils n'ont pas eu besoin de charger l'ordinateur. Il avait été saisi et scellé par la police des polices. Toujours pas récupéré.

Ils n'avaient pas le droit d'être en relation avec moi. Alors ils sont passés par ce vieux copain, Fred. Même pas un flic. Surtout pas, c'était interdit. Ils savaient que Fred me voyait.

Ils le connaissaient, ils l'avaient rencontré à plusieurs reprises au service. Ils ne faisaient pas totalement une entorse au contrôle judiciaire, mais ils étaient obligés de vider ce qui avait été mon antre, mon domaine, mon bureau pendant plus d'un an. Ils étaient flics. Ils ont respecté à la lettre le jeu stupide qui nous était imposé. Comme ils ne pouvaient pas jeter à la déchetterie les affaires de leur ancien patron, ils me les ont fait passer, sans un mot.

Quand mon vieux pote m'a remis mes affaires, j'en aurais pleuré. Comme un mari mis à la porte de chez lui par sa femme pour cause d'infidélité. Même pas une remise directe. Non, un intermédiaire. Comme à un pestiféré. Je ne suis pas certain que le salaud de l'histoire soit celui qui reçoit les cartons. Au-delà des documents plus ou moins administratifs, moins ou plus judiciaires, plus stupides et moins intelligents, moins lisibles et plus sombres que j'ai eus à signer au cours de ces dernier mois, ce déménagement de mon bureau que je n'ai pas fait et cette remise de mes affaires, au fond d'un parking sombre, par un copain très emmerdé de se retrouver là, m'a donné envie de vomir. La police me disait adieu. Sans un regard, sans un merci.

J'ai pensé à Gilles, mon adjoint. Son sort a dû être similaire au mien. Quelqu'un a dû servir d'intermédiaire pour lui remettre toutes les affaires de son bureau. Mais Gilles est un peu plus âgé que moi. Il était dans ces locaux grenoblois depuis tellement longtemps. Trente ans de vie policière dans quelques cartons et sacs poubelles. Le déménagement a forcément été plus long. Plus douloureux. Cette affaire l'a précipité à la retraite. Ce n'était pas sa volonté. Il voulait prolonger.

À la fois par obligation familiale, mais aussi par amour du métier. Le juge ne lui en a pas laissé le choix. Trente ans de police, de bons et loyaux services, entassés comme de la poussière, remis sans autre forme de procès. Sans discours d'adieu, sans pot de départ à la retraite, sans cadeau, sans collègue qui vous regrette.

On ne vous salue pas, on ne vous remercie pas d'être venu, d'avoir tout donné pour ce job pendant trente piges, d'avoir risqué votre vie, d'avoir trop aimé ce métier. On ne sait pas si vous êtes coupable ou pas. Mais l'institution que vous avez tant servie vous condamne, avant même de vous avoir jugé. Non monsieur, on ne vous remercie pas. On vous vire. La retraite, c'est par là.

C'est dégueulasse.

Je secoue les épaules, tente d'échapper aux frissons qui m'envahissent. Contrairement à Gilles, j'ai de la chance, ils ne m'ont pas mis à la retraite. J'ai réintégré la police nationale. J'ai encore de belles années d'activité devant moi. Je pars prendre mon poste de directeur adjoint de la Guyane, dans une direction que je ne connais pas, mais que j'ai hâte de découvrir : la police aux frontières. Je présente mes papiers au jeune adjoint de sécurité se trouvant dans les aubettes d'Orly. Derrière m'attend l'A340, les 8 heures de vol pour Cayenne, l'aéroport Félix-Éboué, le soleil et 35 degrés à l'ombre.

Le jeune ADS me tend mon passeport, me remercie, me fait passer. Puis se ravise. « Monsieur, vous pouvez me suivre, s'il vous plaît ? » Bêtement, je pense qu'il a reçu des consignes : « Quand le directeur adjoint de la PAF de Cayenne passe, merci de prévenir la hiérarchie. » J'accepte, presque avec le sourire. Après m'avoir demandé de nouveau ma pièce d'identité, il me fait patienter dans une salle à part. Dix minutes, quinze. Personne ne vient me voir. Je n'ai plus le temps, l'avion décolle bientôt. Tant pis pour les courtoisies hiérarchiques d'usage, après tout ce que je viens de traverser, je ne voudrais pas être en retard dans mon nouveau service.

Je cherche à sortir du local où le jeune ADS m'a placé. La porte est fermée. Je force. Elle résiste. Je suis bloqué. Je comprends vite. Depuis ma confrontation avec les bœufs et le juge, je devrais le savoir, la politesse et l'élégance ne font pas toujours référence dans la police. Personne ne m'attend pour m'accueillir et me faciliter les formalités de passage. Au contraire. Le jeune ADS n'en a rien à foutre de savoir que je pars diriger un service appartenant à la même direction que la sienne. Mon nom a « smashé » à l'ordinateur de contrôle. Il a appliqué le règlement. M'a demandé de le suivre, m'a placé dans cette salle et a confié ma pièce d'identité à des supérieurs hiérarchiques. Ils sont en train de faire des vérifications me concernant. En attendant, ils m'ont enfermé !

J'explose. Le paroxysme de l'absurdité administrative. La direction pour laquelle je dois aller prendre mon commandement de directeur m'empêche de me rendre à mon poste.

J'ai gueulé : « Ça ne va pas recommencer ? »

Je demande à parler à un gradé. Personne ne répond. On se moque royalement de savoir qui je suis. Pour l'instant, je suis inscrit au FPR (Fichier des Personnes Recherchées). Les vérifications sont en cours. J'en reviens pas : inscrit au FPR, ce fichier de la police où sont inscrites toutes les personnes recherchées par les services de police ou de gendarmerie, mais également toutes celles ayant un contrôle judiciaire et devant se soumettre à des interdictions ou des obligations. Je suis toujours mis en examen dans ce dossier surprenant. Mais il y a maldonne : le contrôle judiciaire m'interdit de sortir du territoire national, pas métropolitain. L'inscription a été mal faite, ou mal comprise, ou mal interprétée !

Me voilà administrativement empêché par la police aux frontières d'Orly d'aller prendre mon avion pour me rendre à la police aux frontières de Cayenne.

La vie policière est un long paradoxe.

Si la situation n'est pas stupide, franchement elle est cocasse. Arrêté par des policiers que demain je suis susceptible de diriger. Je pouffe. Mais je fatigue. Kafka lui-même ne l'aurait pas imaginé. Je ne pensais pas qu'un jour en tant que flic j'aurais mon nom inscrit au fichier des personnes recherchées. Pour moi, ça sent la fin de l'histoire. Une dernière fois, j'essaye. Je n'abandonne pas. Jamais. Surtout pas à deux mètres du bol de sangria !

Je sors mon arrêté de mutation. L'exhibe. Il est signé du ministre de l'Intérieur lui-même. Il mentionne la date et le lieu où je dois prendre mon nouveau poste. On ne peut quand même pas accuser toute la haute hiérarchie policière, jusqu'au ministère de l'Intérieur de complicité de violation de contrôle judiciaire !

Je farfouille dans mon petit « baise en ville ». Je trouve l'exemplaire « papier » de mon contrôle judiciaire. Le montre au gradé. Il blêmit un peu. Il comprend. Il est en train de se dire que ses gars ont fait une connerie. Je trouve le moyen de les excuser. Ils n'ont fait qu'appliquer le règlement. Ce n'est pas de leur faute. Les fonctionnaires de la police des polices chargés d'enregistrer ce contrôle judiciaire au FPR, eux, ont mal fait leur job. Ils ont confondu national et métropolitain. Peut-on vraiment leur en vouloir ? Quand on ne sort pas de Paris, c'est dur d'imaginer qu'il y a une vie en province. Alors les départements d'outre-mer…

Petite erreur qui aurait pu avoir de grandes conséquences. Au final, le gradé m'aide à franchir les barrières de contrôle. En s'excusant. Je suis le dernier passager à entrer dans l'avion. Les hôtesses me sourient. À Air France, la politesse est vraiment naturelle. C'est rassurant. Elles acceptent même de prendre ma guitare en bagage supplémentaire. Les portes se ferment. L'avion décolle. Direction l'Amérique du Sud. J'enlève mon pull et mon écharpe.

À Cayenne, le directeur départemental de la PAF est un copain de promo. Nos retrouvailles se passent bien. Il fait tout pour que je me sente à l'aise. Pour m'intégrer le plus rapidement et le mieux possible.

Une voix dans le couloir. Une voix que je n'ai pas oubliée après toutes ces années. Pratiquement trois ans de vie commune. D'amitié. Il y a des intonations, des rires et même des silences qui marquent. Le DDPAF lit ma surprise. Il me dit, souriant : « Je vais te présenter quelqu'un, il vient d'arriver à la PAF à Cayenne. Je crois que vous vous connaissez… »

Jef.

Jef, tel qu'en lui-même. 23 ans après. Le même visage. Quelques rides autour des yeux, toujours rieurs. Un peu moins de cheveux. Un peu plus blancs. La même vivacité d'esprit, le même humour. Un peu caustique parfois, percutant souvent. Je n'en reviens pas. Le premier flic que j'ai rencontré en rentrant à l'école des inspecteurs de la police nationale, je le retrouve ici, après toutes ces longues années d'aventures professionnelles. Muté le même jour que moi dans la même direction. À 8 156 kilomètres de Cannes-Écluse. Comme une boucle définitivement bouclée. Un signe ?

Nous nous sommes retrouvés comme si nous nous étions quitté la veille. Chacun son parcours de vie. Plus ou moins chaotique. Chacun ses failles. Plus ou moins secrètes. Chacun ses douleurs. Plus ou moins profondes. Si j'ai traversé des moments difficiles, absurdes, scandaleux, j'ai conscience qu'il y a des souffrances beaucoup plus prégnantes. Loin de moi l'idée d'établir une échelle de la douleur. Pour celui qui la vit, elle est toujours la plus inacceptable.

Je n'ai pas connu la détention. Je n'ai pas perdu un enfant atteint d'une grave maladie ou d'un accident. Mes trois monstres d'amour sont en pleine forme. Parfois trop, d'après leur professeur. J'ai la chance d'avoir encore mes deux parents. Encore en pleine santé. Parfois trop, d'après leurs élèves à qui ils donnent encore des cours. Une famille soudée autour de moi. Des frères et sœurs qui m'aiment en se moquant. Parfois… jamais assez ! Des amis fidèles, qu'ils soient d'aujourd'hui ou de toujours, qui m'invitent régulièrement. Jamais assez. Des projets et des envies plein la tête. Parfois trop, d'après mon amoureuse. Alors je continue. S'arrêter, c'est renoncer.

Je ne renoncerai pas. J'orienterai juste mes choix différemment. Y compris professionnels. J'ai pris du recul, de la distance. Mais je sais aussi qu'on n'a jamais fini de s'éduquer. D'apprendre, comme souffle Gabin, dans ce merveilleux texte de Jean-Loup Dabadie « Je sais. Je sais qu'on ne sait jamais. »

Avec Jef, en situation administrative de célibataire géographique, comme moi, nous nous voyons tout le temps. Nous avons repris nos discussions interminables. Les illusions en moins, la fougue toujours présente. Un peu plus lente, peut-être, à se mettre en marche. Quoique ? Les idéaux émoussés, mais l'enthousiasme chevillé au corps. Nous avons confronté nos expériences professionnelles. Ri de tout, surtout de nous. La scène de l'aéroport à Orly le fait toujours marrer. Nous avons arrêté le chouchen et le saucisson brioché, découvert le rhum et l'acoupa.

Nous avons trinqué à la santé de notre métier, avec cette foi au fond de nous, de toujours vouloir continuer à l'exercer. C'était le sens de notre engagement il y a 24 ans, quand les affiches de recrutement mentionnaient : « La police, un métier d'hommes. » Il y avait une faute, un glissement sémantique, il fallait comprendre : « La police, un métier humain. Profondément humain. »

Il m'a regardé, m'a juste dit : « C'est l'heure ! » Quelle heure, Jef ? « D'aller courir. Mets tes pompes, on y va ! »

Oh non, Jef, ça va pas recommencer. J'ai plus 20 ans.

Postface

Janvier 2011 – Théâtre de la Pépinière – Paris
Répétitions *Pluie d'enfer*

Deux flics de rue à Chicago, de nos jours, imbibés et drogués, lâches et infidèles à la loi, à l'autre, à la femme, commettent une horrible bavure en remettant un adolescent innocent aux mains d'un serial killer psychopathe. Pièce diaboliquement construite dans un chaos de désordre et d'espaces-temps anarchiques, dans laquelle les personnages, parallèlement à l'action, subissent les interrogatoires musclés de la police des polices, la garde à vue, les doutes et les angoisses face à leur mise à pied probable, aux peines de prison encourues, pensent au suicide, mentent, se torpillent l'un l'autre dans une confusion psychologique terrible.

Mon frangin de cœur et partenaire Olivier Marchal et moi « ramons comme des bêtes », guidés par notre metteur en scène, pour trouver comment jouer, agencer, et tenter d'aboutir ce spectacle étrange et ces situations si démesurées à représenter au théâtre. Plus l'humeur de jeu est dramatique, plus nous déconnons entre nous, par goût autant que par nécessité. Dédramatiser notre peur et celle de nos personnages. Les vannes fusent en permanence. La plus récurrente étant :

lui de me traiter de « bobo de gauche intello théâtreux ! » et moi de rétorquer : « espèce d'ex-flic beauf venu bouffer le pain des intermittents ! » et autres délicatesses du genre… On rit beaucoup et on s'aime fort.

Nos personnages sont des nazes vulgaires et racistes ayant égaré leur éthique, et je vanne sans arrêt contre les petits flics minables (qui font honte aux bons) que nous croisons fréquemment dans nos villes…

Entre les blagues et les rires, Olivier me dit que je pourrais être surpris par certains, et que si par hasard un jour nous passions ensemble par Grenoble (notre tournée théâtrale n'est pas encore planifiée), il pense à un commissaire de ses potes avec qui prétendument « j'accrocherais ».

On joue quelques mois avec succès. Le spectacle sur Paris s'arrête, un an passe.

Janvier 2012/ Tournée *Pluie d'enfer* – France

On reprend notre folle pièce, de ville en ville, on rit toujours plus, on déguste nerveusement sur scène, mais on est heureux de partager l'aventure.

Le hasard de la programmation nous amène à Grenoble… J'ai bien sûr oublié l'histoire de l'éventuelle rencontre avec le fameux commissaire. Et suis bien loin d'avoir fait le lien avec « L'affaire Neyret » (et Gavat), éclatée quelques jours plus tôt…

Ce soir-là, tout particulièrement, Olivier incarne son personnage avec un supplément d'âme, une densité, une vérité, une fragilité telles que je me sens presque spectateur. Durant les saluts, je l'applaudis en coulisses (il est en larmes) et lui demande : « Pourquoi ce soir ? Y' a une raison, Olive ? » Il me répond que « le fameux commissaire » est dans la salle, mis à pied, sorti de garde à vue ! Je capte les incroyables connections ex-flic/acteur/pièce/spectateur flic privé de son statut, et comprend l'unicité de la représentation qui vient d'avoir lieu.

Arrive « le fameux commissaire » en coulisses, et de façon aussi imprévisible que le sont les coups de cœur, indépendamment de toute réflexion sur sa situation professionnelle en plein marasme, sans raisons objectives, instantanément, j'aime ce mec, son regard solaire et enfantin (et terriblement mélancolique à cette période), son intelligence et sa vivacité.

Bref, j'aime le bonhomme, de suite, comme si je le connaissais depuis toujours, et la complicité est immédiate. S'ensuit un repas presque aussi long que la nuit, au cours duquel quelques confessions, des rires (caustiques ou pas), quelques larmes, mes questions candides sur « l'affaire Neyret, (et donc la sienne aussi) », sur sa carrière (« T'as déjà tué ? »), toute la vérité et l'humanité qui se dégagent de l'homme m'enchantent tant qu'au petit matin, l'entente à trois est si tendre, son désespoir et ses doutes si intenses, les parentés de situations dramatiques (pas des personnages !) avec notre spectacle si dingues en coïncidences, qu'Olivier et moi lui proposons quand il en a l'envie (le besoin…) de nous rejoindre et nous suivre dans notre périple théâtral. On a ainsi vécu ensemble quelques villes, représentations et soirées bouleversantes tant le sujet de la pièce, et je crois, notre investissement aussi brutal qu'absolu dans nos rôles, le laminaient et l'enchantaient simultanément.

Jusqu'à une mémorable dernière à Saint-Malo, qui finalisait l'histoire étonnante de ce spectacle, la nuit rouge et blanche de breuvages et sommeil qui s'ensuivit, et le hasard fou qui décida qu'il apprit au matin dans le TGV Saint-Malo-Paris du retour sa réintégration dans la police.

Champagne !

Aujourd'hui, 5 mars 2013

Nous sommes restés en très proche contact, puis l'idée m'est venue du film formidable qu'on pourrait tirer de sa folle histoire. Il m'a alors fait lire « 22 ! », la pièce qu'il avait déjà écrite sur sa garde à vue, j'ai découvert combien le bougre avait une vraie plume, et après l'avoir présenté à mon amie productrice, Dominique Antoine, qui a « parrainé » Christophe aussi spontanément que nous, tout s'est enchaîné à une vitesse folle, à tel point qu'à la date d'aujourd'hui, la pièce est susceptible de se monter, le livre ci-avant écrit (et comment !...) et la production du film en marche, avec Olivier à la réalisation....

Il est doué, honnête, humble et chanceux. Il bosse dur, se passionne, apprend vite.

Il m'épate !

Olivier avait raison, une vraie rencontre, un vrai Monsieur.

Je suis coincé maintenant, je peux moins vanner, y'a un commissaire de la police française qu'est mon pote et que j'adore.

Y a pas de justice !

Bruno Wolkowitch

Remerciements

À Christelle, pour l'élégance de son humour, son talent, la beauté de sa présence et son amour.

Merci pour tout. Elle sait quoi. Elle sait pourquoi. Elle sait jusqu'où.

À Olivier et Bruno, mes monstres sacrés. Pour le soleil de leur amitié née sous une pluie d'enfer. Leur générosité n'a d'égal que leur talent.

À Dominique Antoine, pour l'enthousiasme de sa jeunesse et les colères de sa passion. Pour son écoute attentive et ses conseils avisés. Pour sa foi dans les rencontres improbables et son talent à les faire fructifier.

Table des matières

Composition et mise en pages : SIR
Achevé d'imprimer par
Corlet Imprimeur S.A.
14110 Condé-sur-Noireau
Dépôt légal : Avril 2013
N° d'impression : 154592
N° d'édition : 692